RESTful 자바 패턴과 실전 응용

RESTful 자바 패턴과 실전 응용

고성능 RESTful 서비스 제작을 위한 베스트 프랙티스

바크티 메타 지음 | 이일웅 옮김

BIRMINGHAM - MUMBAI - SEOUL

지은이 소개

바크티 메타 ^{Bhakti Mehta}

2013년 발간된 『Developing RESTful Services with JAX-RS 2.0, WebSockets, and JSON(JAX-RS 2.0, 웹소켓, JSON을 이용한 RESTful 서비스 개발)』(팩트 출판사)의 저자다. 13년 이상 자바 EE 및 관련 기술 기반의 소프트웨어 개발자, 설계자, 아키텍트 업무를 수행했다. 오픈 소스 소프트웨어 개발에 열정적이며, 글래스피시^{GlassFish} 오픈 소스 애플리케이션 서버의 초기 프로젝트 멤버 중 한 명이다.

컴퓨터 공학 학사/석사 학위를 취득했으며, 주요 연구 분야는 서버 사이드 기술, 웹 서비스, 클라우드 애플리케이션의 회복력, 확장성, 안정성, 성능을 위한 아키텍처다.

현재 블루 진 네트워크^{Blue Jeans Network} 사의 수석 소프트웨어 엔지니어이고, ISV 파트너와 개발자 커뮤니티에서 사용 가능한 RESTful 서비스의 개발 업무를 맡고 있으며, RESTful 서비스의 백엔드 인프라와 성능, 확장성, 안정성 문제를 담당하고 있다.

각종 컨퍼런스의 상시 연설자로 활동하면서, https://home.java.net과 Dzone 같은 포털 사이트에 많은 기사, 블로그, 기술 팁 등을 기고해왔다. 개인적으로 킥복싱, 여행, 독서를 즐겨 한다.

트위터 주소는 @bhakti_mehta다.

감사의 글

책 한 권을 쓴다는 건 기쁘고 흐뭇한 일이지만, 많은 시간 공들여야 하는 일이기도 합니다. 밤 늦게까지, 심지어는 주말에도 제가 집필에 전념할 수 있게 도와준 가족들, 제 남편 파리크샷과 시부모님, 그리고 제가 힘들 때 옆에서 격려해준 만시에게 감사의 말씀을 전합니다. 특히, 언제나 제가 꿈을 갖고 그것을 이룰 수 있게 영감을 불어 넣어준, 제 두 아이들에게 이 책을 바칩니다.

책을 쓰는 내내 용기를 북돋워주신 제 부모님, 오빠 프라나브와 오빠네 가족들 모두 감사합니다! 제가 참 운이 좋은 터라 학부 시절부터 도움을 주는 친구들이 곁에 많았는데, 그들에게도 진심으로 고마움을 전합니다. 제 발전을 위해 아낌없는 지원을 해주신 블루 진 네트워크 식구들에게는 말로 표현할 수 없을 정도로 감사합니다.

제게 집필을 의뢰하고, 내용 감수 및 일정 관리를 맡아주신 비니 아게카, 애드리언 라포소, 에드윈 모세스 씨를 비롯한 팩트 출판사 관계자 여러분들께도 감사의 말씀을 전합니다. 끝으로, 이 책의 검토자로서 소중한 피드백과 내용 감수에 참여해주신 마수드 칼라리, 더스틴 캘러웨이, 카우잘 말라디, 안토니오 로드리게스 씨께 고마움을 표합니다.

기술 감수자 소개

더스틴 캘러웨이 Dustin R. Callaway

소프트웨어 컨설턴트, 저자, 강사이며 만능 개발자다. 현재 인투이트Intuit 주식 회사의 소프트웨어 엔지니어로 근무하면서 파이낸셜 소프트웨어 개발을 이 끌고 있다. 브리검 영Brigham Young 대학교에서 컴퓨터 공학 학사 학위를 받았고, 『인사이드 서블릿Inside Servlets』(애디슨웨슬리 출판사)의 저자이기도 하다. 자바와 노드JSNode.js를 응용한 RESTful 웹 서비스 제작과 모바일 앱 개발에 관심이 많 고 실무 경험이 풍부하다.

마수드 칼라리 Masoud Kalali

오라클 사의 기술 컨설팅팀 소속이다. 『Developing RESTful Services with JAX-RS 2.0, WebSockets, and JSON』(2013년, 팩트 출판사), 『GlassFish Security』(2010년, 팩트 출판사)를 집필했다. Java.Net과 Dzone에 다양한 글 과 레퍼런스를 기고해왔다.

2001년 처음 소프트웨어 개발 업무를 시작한 이래로, 운 좋게도 JMS를 이용 한 대용량 메시지 기반 시스템의 다중 약 결합multiple loosely-coupled 아키텍처를 바 탕으로 메시지를 나르는 버스가 JMS 주변을 순회하면서 정류장을 형성하는 컴포넌트에 관한 일을 맡게 되었다.

아키텍처, 설계, 코드, 배포 설정에 관한 성능 분석과 컨설팅은 그의 또 다른 분야이기도 하다. ChemAxon 사에 근무할 당시 IJC, TIBCO Spotfire 같은 업계 선도 소프트웨어에 관한 데이터 통합 프로젝트를 하면서 RESTful 서비스와 RESTful 종단점을 이용한 데이터 통합에 몰두했던 적이 있다.

보안 통합 분야에도 경험이 있는데, 구체적으로는 BPEL 흐름 지향 소프트웨어 개발에 사용된 탄탄한 SOA 프레임워크와 OpenSSO를 통합하는 업무였다. 현재는 오라클 사에서 애플리케이션 서버와 오라클 클라우드 서비스의 PaaS 인프라, OVM/OVAB, Nimbula 가상화 시스템 등의 설계/개발을 리드하는 엔지니어로 근무 중이다.

트위터 주소는 @MasoudKalali이니 관심 있으면 팔로우해보자.

카우잘 말라디 Kausal Malladi

언제나 최신 기술 동향을 살피며 컴퓨터 공학 분야의 현존하는 문제들을 해결하고 혁신적인 제품을 개발해온, 결과 기반 result-driven 소프트웨어 엔지니어다. 방갈로르 국제정보기술대학원 IIIT-B, International Institute of Information Technology, Bangalore 에서 컴퓨터 공학 석사 학위를 취득했다. 2년 동안 소프트웨어 설계 및 개발 업무를 담당해왔고, 지금은 인텔 Intel 안드로이드 그래픽 소프트웨어 개발팀에서 근무하고 있다.

석사 과정을 밟기 전에는 인포시스 Infosys에서 2년간 근무했으며, 인프라 공간에 관한 도전적인 과제를 수행하는 내부 R&D 부서의 팀원으로 활동했다.

카우잘은 저명한 국제 저널에 6권 이상의 책을 낸, 타고난 연구가다. 2013년에는 인도에서 2건의 특허를 출원했고, 같은 해 자바원 JavaOne 인도 컨퍼런스 때는 'RESTful 방식의 ATM 터미널 서비스'에 대한 강연을 한 바 있다.

개발과 오픈 소스에 미쳐 있지만 그 밖에도 클라우드 컴퓨팅, 기계 학습 분야에서도 개인적으로 프로젝트를 즐겨 한다. 음악에도 조예가 깊어 쉬는 시간에는 카르나틱^{Carnatic} 바이올린 음악을 들으며 따라 부른다. 또 청년들의 자원 봉사 단체인 인도 청년 클래식 음악 및 문화 협회^{SPIC MACAY, Society for Promotion of Indian Classical Music And Culture Amongst Youth}에서 활발히 자원 봉사를 하고 있다.

더 자세한 내용은 홈페이지 http://www.kausalmalladi.com을 방문해보자.

안토니오 로드리게스^{Antonio Rodrigues}

서버 사이드 개발과 모바일 앱 분야에서 다년간의 경력을 가진 소프트웨어 엔지니어다. 지난 17년 동안 IT 컨설팅 회사, 텔레커뮤니케이션 회사, 정부 기관, 디지털 기관, 몇몇 신생 기업 등 다양한 곳에서 근무했다. API, 특히 RESTful 서비스의 API가 모바일 세상에서 소프트웨어 공학 분야의 핵심 파트라고 확신한다.

트위터 주소는 @aaadonai다.

옮긴이 소개

이일웅 leeilwoong@gmail.com

10년 넘게 국내 대기업/공공기관 SI 프로젝트에 참여한 웹 개발자이자, RESTful 웹 서비스, OAuth 등으로 타 시스템과 데이터를 연동한 경험이 풍부한 자바 엔지니어다. 두 딸아이에게 좋은 아빠가 되기 위해 언제나 노력하고 있으며 시간이 나면 피아노를 연주한다. 개인 홈페이지는 http://www.bullion.pe.kr이다.

옮긴이의 말

다른 IT 분야도 마찬가지겠지만, 웹 개발자는 알고 있어야 할 것들이 매우 많습니다. 그러나 역시 가장 중요한 것은 기본이고, 기본기만 탄탄하다면 어떤 새로운 기술이 등장하더라도 이를 소화해내는 데 무리가 없을 것입니다.

이 책은 그런 점에서 웹 개발자로서 반드시 알아야 할 HTTP의 기본에서 출발해 비교적 최근에 등장한 기술에 이르기까지 알찬 내용들이 빼곡히 담겨 있습니다. 분량상 모든 주제를 세세히 다루지는 않지만, 독자 여러분들이 이책을 읽고 난 다음에 학습해야 할 방향을 잡는 데 제격이고, 현장 경험이 풍부한 고급 개발자들도 한 번쯤 되새겨 볼 만한 내용이 많습니다.

RESTful, 즉 'REST답게 웹을 개발하자'는 말이 사실 웹이 작동하는 토대인 HTTP 프로토콜의 기본에 충실하자는 것이고, 새로운 기술을 추가하거나 덧붙이는 행위가 아닌, 오히려 웹이 탄생할 당시의 의도를 되살려보자는 의미라고 생각합니다.

REST라는 말을 처음 쓴 로이 필딩$^{Roy Fielding}$ 박사가 1999년 발표된 HTTP 1.1 프로토콜에 관한 명세서, RFC 2616의 주요 필자 중 한 사람임을 상기하면 그리 놀랄 만한 일도 아닙니다. 여러분이 아직까지 HTTP 명세에 GET, POST 말고도 다른 메소드가 있다는 말을 들어본 적도, 사용해본 적도 없는 개발자라면 이 책은 웹에 관한 전혀 새로운 지평을 열어줄 것이라 확신합니다.

번역을 맡겨주신 에이콘 출판사 김희정 부사장님과 편집팀 여러분, 그리고 짬을 내어 번역하느라 주말, 휴일을 함께 해주지 못한, 사랑하는 제 아내와 두 딸, 제이, 솔이에게 이 역서를 바칩니다. 그리고 언제나 저에게 변함없는 믿음과 사랑을 보내주신 부모님께 진심으로 감사의 말씀 올립니다.

이일웅

목차

6장 최신 표준과 REST의 미래

들어가며

우리는 소셜 네트워킹, 클라우드 컴퓨팅과 모바일 애플리케이션이 서로 융합되면서 인터넷을 통해 각기 다른 네트워크의 기기들 간의 통신이 가능한 기술들이 쏟아져 나오는 시대에 살고 있다. 과거에는 전통적인 방법대로, 일부 기업이 독점한 기술을 바탕으로 솔루션을 만들어 보안이 취약한 네트워크에서, 아니면 그냥 인터넷에서 상이한 기기와 컴포넌트들 간의 통신이 이루어졌었다. RPC COBRA와 SOAP 기반의 웹 서비스가 그러한 예로, 나중에는 서비스 지향 아키텍처^{SOA, Service-Oriented Architecture}의 서로 다른 구현체로 발전을 거듭했으나 컴포넌트 간의 과도한 결합도를 요구해 전체적인 통합에 난관이 많았다.

기술적 토양 자체가 끊임없이 진화한 덕분에, 오늘날의 애플리케이션은 예전처럼 서비스를 호출하고 웹 페이지를 생성하는 웹 프레임워크를 사용하는 대신, API를 작성해 사용하는 방식으로 제작되고 있다. 이렇게 API 기반의 아키텍처로 바꾼 이후로, 기업 내/외부를 통틀어 신속한 개발, 기술의 용이한 채택 및 보급, 애플리케이션의 확장과 통합이 비로소 가능해졌다.

REST와 JSON이 널리 보급되면서 필요하다면 다른 애플리케이션들과 통합하여 기능을 업그레이드시킬 수 있는 기회를 갖게 된 것이다. REST가 인기를 끌게 된 비결도 다양한 클라이언트에서 사용 가능한 경량의 단순하고 비용 면에서도 유리한 모듈 단위의 인터페이스를 제작할 수 있기 때문이다.

모바일 애플리케이션이 출현하면서 좀 더 엄격한 클라이언트-서버 모델을 기술할 필요가 생겼다. iOS나 안드로이드 플랫폼의 앱 개발 업체들도 REST

기반의 API를 이용해 여러 상이한 플랫폼으로부터 데이터를 끌어와서 확장하고 가공하는데, 결국 이것도 REST 기반의 아키텍처가 API 중심이기 때문에 가능한 것이다. REST는 또 플랫폼과 프로그래밍 언어에 구애 받지 않으며, 상태성stateless, 확장의 용이함, 가시성, 가독성 측면에서 유리하다. 이미 많은 회사들이 보안과 토큰 관리를 위해 OAuth 2.0을 채택하고 있다.

이 책은 학구열에 불타는 독자 여러분들과 함께 REST 아키텍처 스타일에 대한 개요부터 흥미로운 주제들을 차례대로 살펴볼 것이다. 경량의, 확장성 있고, 가독성/가용성을 고루 갖춘 RESTful 서비스를 제작하는 데 도움이 될 만한 베스트 프랙티스best practice(모범 사례, 최선의 방법)와 자주 애용되는 패턴들에 대해서도 깊이 있게 논할 것이다.

이 책에서 다루는 내용

1장. REST: 태생의 기원에서는 REST의 기본 개념부터 RESTful 서비스를 설계하는 방법과 관련 베스트 프랙티스를 살펴본다. 자바 언어로 RESTful 서비스를 작성하기 위한 JAX-RS 2.0 API에 대해서 다룬다.

2장. 리소스 설계에서는 다양한 요청/응답 패턴과 콘텐츠 협상, 리소스 버저닝, REST 응답 코드 등을 살펴본다.

3장. 보안과 추적성에서는 REST API의 보안과 추적성이라는 쉽지 않은 문제와 관련된 접근 통제, OAuth 인증, 에러 처리, 감사와 검증 패턴 등에 대해 알아본다.

4장. 성능을 고려한 설계에서는 성능과 관련된 설계 원칙을 다룬다. 캐싱 원리와 REST에서 비동기 작업과 실행 시간이 오래 걸리는 작업을 어떻게 처리할 것인지 설명하고, 패치를 이용해 부분 업데이트를 하는 방법을 살펴본다.

5장. 고급 설계 원칙에서는 사용량 제한, 응답 페이지네이션, 국제화/지역화 같은 고급 주제들을 상세한 예제 코드와 함께 설명한다. 또 확장 가능성, HATEOAS, REST 서비스의 테스팅과 문서화 등에 대해서도 소개한다.

6장. 최신 표준과 REST의 미래에서는 실시간 API인 웹훅^{WebHook}, 웹소켓^{WebSocket}, PuSH, SSE에 대해 살펴보고 여러 가지 측면에서 비교/대조해본다. 그리고 웹훅이나 웹소켓 같은 신기술이 애플리케이션에서 실제로 응용되는 사례를 알아보고, 마이크로 서비스^{micro service}에서 REST 기술이 어떤 역할을 담당하는지 간략히 설명한다.

부록에서는 깃허브^{GitHub}, 트위터^{Twitter}, 페이스북^{Facebook} 서비스에 적용된 다양한 유형의 REST API에 대해 알아보고, '2장, 리소스 설계'부터 '5장, 고급 설계 원칙'에 걸쳐 학습한 내용과 연관되는 부분들을 최종 점검해본다.

실습에 필요한 프로그램

이 책의 예제 코드를 빌드하고 실행하려면 다음 프로그램이 PC에 설치되어 있어야 한다.[1]

- 아파치 메이븐^{Apache Maven} 3.0 또는 상위 버전: 예제 코드를 빌드하기 위한 툴이다. http://maven.apache.org/download.cgi에서 내려받을 수 있다.

- 글래스피시^{Glassfish} 서버 오픈 소스 에디션 4.0: 자바 EE 7 명세를 구현한 애플리케이션 서버로 무료 커뮤니티 버전이다. http://dlc.sun.com.edgesuite.net/glassfish/4.0/promoted/에서 내려받자.

---

1 메이븐, 글래스피시 프로그램을 따로 설치하지 않고도 넷빈즈(NetBeans)로 간단하게 실습할 수 있는 방법을 '한국어판 특별 부록, 넷빈즈 설치와 사용법'에 소개하였으니 참고하기 바란다. – 옮긴이

이 책의 대상 독자

REST와 친해지고 싶은 애플리케이션 개발자라면 이 책은 최고의 친구가 되어줄 것이다. REST 관련 내용과 함께 자주 활용되는 REST 패턴과 베스트 프랙티스를 알아보고, 이미 RESTful 서비스를 구축해 운용 중인 페이스북, 트위터, 페이팔^{Paypal}, 깃허브, 스트라이프^{Stripe} 같은 서비스들에 대해서도 식견을 가지게 될 것이다.

이 책의 편집 규약

정보의 종류를 구분하기 위해 여러 가지 텍스트 스타일을 사용했다. 이러한 스타일의 예와 의미는 다음과 같다.

텍스트에서 코드 단어는 다음과 같이 표기한다.

"GET과 HEAD는 안전한 메소드다."

코드 블록은 다음처럼 표시한다.

```
@GET
@Path("orders")
public List<Coffee> getOrders() {
  return coffeeService.getOrders();
}
```

특별히 주의가 필요한 코드는 다음과 같이 굵은 글꼴로 표시한다.

```
@Path("v1/coffees")
public class CoffeesResource {
  @GET
  @Path("orders")
  @Produces(MediaType.APPLICATION_JSON)
```

```
public List<Coffee> getCoffeeList( ){
  // Implementation goes here
}
```

커맨드라인 입력 또는 출력은 다음과 같이 표시한다.

`# curl -X GET http://api.test.com/baristashop/v1.1/coffees`

새로운 용어나 중요한 단어는 굵은 글꼴로 표시한다.

"**애플리케이션 상태 엔진으로서의 하이퍼미디어**^{HATEOAS, Hypermedia as the Engine of} ^{Application State}는 리차드슨 성숙도 모델의 가장 성숙한 단계로서, 요청에 대한 하이퍼미디어 응답 속에 클라이언트가 다음에 취해야 할 액션에 관한 상태 정보가 담겨 있다."

 경고나 중요한 노트는 박스 안에 이와 같이 표시한다.

 팁과 트릭은 박스 안에 이와 같이 표현한다.

독자 의견

독자로부터의 피드백은 항상 환영이다. 이 책에 대해 무엇이 좋았는지 또는 좋지 않았는지 소감을 알려주기 바란다. 독자 피드백은 독자에게 필요한 주제를 개발하는 데 매우 중요하다.

일반적인 피드백을 우리에게 보낼 때는 간단하게 feedback@packtpub. com으로 이메일을 보내면 되고, 메시지의 제목에 책 이름을 적으면 된다.

여러분이 전문 지식을 가진 주제가 있고, 책을 내거나 책을 만드는 데 기여하고 싶으면 www.packtpub.com/authors에서 저자 가이드를 참조하기 바란다.

고객 지원

팩트 출판사에서는 여러분들이 구매한 도서를 최대한 활용하는 데 도움이 될 만한 여러 가지 서비스를 제공하고 있다.

예제 코드 다운로드

구입한 모든 Packt 도서의 예제 코드 파일은 http://www.packtpub.com에서 독자 계정을 통해 다운로드할 수 있다. 이 책을 구입했다면 http://www.packtpub.com/support를 방문한 후 등록하면 직접 이메일로 파일을 받을 수 있다. 에이콘출판사의 도서정보 페이지인 http://www.acornpub.co.kr/book/restful-java-pattern에서도 예제 코드를 다운로드할 수 있다.

오탈자 처리

내용을 정확하게 전달하려고 최선을 다했지만 실수가 있을 수 있다. 팩트 출판사의 책에서 코드나 글에 문제가 있다고 생각할 때 알려주면 정말 좋겠다. 이런 식으로 참여해주면 다른 독자에게도 도움이 되고, 책의 다음 판에서 보강할 수 있을 것이다. 오자를 발견한다면 http://www.packtpub.com/submit-errata를 방문해 이 책을 선택하면 나오는 정오표 제출 양식에 오류 정보를 기입해 알려주기 바란다. 보내준 내용을 확인한 뒤 웹사이트에 올리거나, 해당 서적의 정오표 부분에 추가하겠다. http://www.packtpub.com/support에서 해당 도서를 선택하면 지금까지의 정오표를 확인할 수 있다. 한국어판은 에이콘출판사의 도서정보 페이지 http://www.acornpub.co.kr/

book/restful-java-pattern에서 찾아볼 수 있다.

저작권 침해

저작권 침해는 모든 인터넷 매체에서 벌어지고 있는 심각한 문제다. 팩트 출판사에서는 저작권과 라이선스 문제를 아주 심각하게 인식하고 있다. 어떤 형태로든 팩트 출판사 서적의 불법 복제물을 인터넷에서 발견했다면 적절한 조치를 취할 수 있게 해당 주소나 사이트 명을 즉시 알려주길 부탁한다. 의심되는 불법 복제물의 링크를 copyright@packtpub.com으로 보내주기 바란다.

저자와 더 좋은 책을 위한 팩트 출판사의 노력을 배려하는 마음에 깊은 감사의 뜻을 전한다.

질문

이 책에 관련된 질문이 있다면 questions@packtpub.com을 통해 문의하기 바란다. 최선을 다해 질문에 답해 드리겠다. 한국어판에 관한 질문은 이 책의 옮긴이나 에이콘출판사 편집팀(editor@acornpub.co.kr)으로 문의해주길 바란다.

1
REST: 태생의 기원

과거 SOA 방식의 웹 서비스는 애플리케이션 간의 다양한 통신을 위해 꽤 오랫동안 활용되었다. SOAP^{Simple Object Access Protocol}/WSDL^{Web Services Description Language}이 바로 이를 뒷받침한 기술들이다. SOAP/WSDL는 XML 기반의 표준이고 연계하는 서비스 간에 엄격한 규칙이 정립된 상황에서 아주 잘 작동한다. 하지만, 이제 우리는 분산 서비스^{distributed service} 세상에 살고 있고, 웹, 모바일, 또는 기타 서비스(내부든 외부든)가 각자 클라이언트가 되어 다른 업체나 오픈 소스 플랫폼에서 제공하는 API를 사용할 수 있게 되었다. 따라서 이러한 시대의 흐름과 사람들이 요구하는 바에 따라, 예측 가능하고 확실하며 잘 정의된 인터페이스를 통해 여러 갈래로 분산된 서비스 상호 간에 손쉽게 정보를 주고받아야 할 필요성이 대두된 것이다.

RFC 2616에 정의된 HTTP 1.1은 분산 시스템, 종합 하이퍼미디어 정보 시스템에서 여전히 사용되고 있는 표준 프로토콜이다. REST^{Representational State Transfer}는 HTTP로부터 탄생하였으니 HTTP가 가능한 곳이면 어디든 쓸 수 있다. 이 장에서는 RESTful 서비스 설계의 기본과 표준 자바 API 기반의 RESTful 서비스를 작성하고 이용하는 방법을 알아본다.

1장에서 다룰 주제는 다음과 같다.

- REST 개요
- 안전과 멱등성
- RESTful 서비스의 설계 원칙
- RESTful 서비스를 위한 표준 자바 API
- 리소스 설계에 관한 베스트 프랙티스

REST 개요

REST는 HTTP 메소드와 URI 사용 등의 웹 표준을 준수하는 아키텍처 스타일 architectural style로, 다음과 같은 기본 철학을 갖고 있다.

- 모든 리소스를 URI로 구별할 수 있다.
- 모든 리소스는 복수의 형태로 나타낼 수 있다.
- 모든 리소스는 HTTP 표준 메소드를 이용하여 접근/수정/생성/삭제할 수 있다.
- 서버에는 어떠한 상태 정보도 갖고 있지 않다.

REST와 무상태성

REST는 **무상태성**statelessness을 기본으로 한다. 클라이언트에서 서버로 전달되는 요청에 가능한 모든 정보가 포함되어 있어야 하며, 덕분에 요청에 대한 가시성visibility, 가독성reliability, 확장성scalability이 향상된다.

시스템이 요청을 모니터링하고 있다가 상세한 정보를 알고 싶을 때 요청 객체를 다시 파헤쳐보지 않아도 되므로 **가시성**이 좋아진다. 서버 실행 중 부분적인 장애가 발생하여도 체크 포인트나 실행을 재개할 지점 따위는 생각하지 않아도 되니 **가독성**이 향상된다. 서버 측에 상태를 따로 보관하지 않기 때문에 서버를 증설한 만큼 비례하여 요청 처리 한도가 증가하므로 **확장성** 또한 개선된다.

 REST라는 용어를 처음 사용한 로이 필딩의 박사 논문을 읽어보면 REST 아키텍처 스타일에 대해 자세히 알 수 있다. http://www.ics.uci.edu/~fielding/pubs/dissertation/rest_arch_style.htm

REST에 대한 기본적인 개념은 이 정도로 소개하고, 다음 절에서는 REST의 성숙도 수준과 이를 가늠하기 위한 지표를 알아본다.

리차드슨 성숙도 모델

리차드슨 성숙도 모델RMM, Richardson Maturity Model[1] 은 레너드 리차드슨Leonard Richardson이 고안한 모델이다. REST를 리소스, 메소드, 하이퍼미디어 등의 용어를 사용해 알기 쉽게 설명한 모델로서 HTTP를 전송 계층의 관점에서 바라보는 것으로 시작한다. 다음 그림의 다이어그램을 보자.

---

1 마틴 파울러가 자신의 홈페이지에 게시한 글인데, 한국어 번역 링크도 있으니 참고하기 바란다. http://martinfowler.com/articles/richardsonMaturityModel.html – 옮긴이

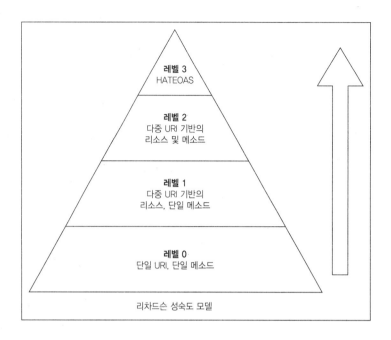

 위 자리 표시 — 실제 이미지 내 텍스트:

레벨 3
HATEOAS

레벨 2
다중 URI 기반의
리소스 및 메소드

레벨 1
다중 URI 기반의
리소스, 단일 메소드

레벨 0
단일 URI, 단일 메소드

리차드슨 성숙도 모델

레벨 0: 원격 프로시저 호출

일반 XML^{POX, Plain Old XML} 데이터를 SOAP이나 XML-RPC 등으로 전송한다. POST 메소드만 사용하며, 서비스 간에 단일 POST 메소드로 XML 데이터를 교환한다. 초창기 SOA 애플리케이션 제작 시 흔히 사용된 방식이다.

레벨 1: REST 리소스

함수에 파라미터를 넘기는 대신 REST URI를 이용한다. 레벨 0처럼 POST 메소드 하나밖에 사용하지 않지만, POST 메소드로 서비스 간 통신을 하면서 복잡한 기능을 여러 리소스로 분산시킨다는 점에서 한 단계 발전된 형태라고 볼 수 있다.

레벨 2: 추가 HTTP 메소드

레벨 2는 POST 이외에 GET, HEAD, DELETE, PUT 메소드를 추가적으로 사용한다. HTTP 요청 시 여러 메소드를 사용하여 다양한 리소스를 제공할 수 있다는 점에서 REST의 진정한 유스 케이스라 할 수 있다.

레벨 3: HATEOAS

애플리케이션 상태 엔진으로서의 하이퍼미디어HATEOAS, Hypermedia as the Engine of Application State는 리차드슨 성숙도 모델의 가장 성숙한 단계로서, 요청에 대한 하이퍼미디어 응답 속에 클라이언트가 다음에 취해야 할 액션에 관한 상태 정보가 담겨 있다. 레벨 3는 발견 가능성discoverability이 높고, 응답 자체에 필요한 내용이 고스란히 담겨 있다. 리소스뿐만 아니라 그 이상의 부가적인 정보까지 나타낸다는 점에서 HATEOAS가 진정한 REST냐 하는 문제는 아직도 논란의 여지가 있다. '5장, 고급 설계 원칙'에서 페이팔 등의 플랫폼이 HATEOAS를 API의 일부로 구현한 사례를 다시 살펴볼 것이다.

다음 절에서는 RESTful 서비스에서 아주 중요한 개념인, 안전과 멱등성에 대해 알아본다.

안전과 멱등성

안전한 메소드

안전한 메소드safe methods란 서버 측의 상태 정보를 변경하지 않는 메소드를 가리킨다(예: GET v1/coffees/orders/1234).

GET, HEAD과 같은 안전한 메소드는 캐시가 가능하다. PUT 메소드는 서버 리소스를 생성 또는 변경하므로 안전하지 않다. POST도 마찬가지 이유에서 안전한 메소드가 아니다. 리소스를 삭제하는 DELETE는 두말할 나위도 없다.

멱등한 메소드

멱등한 메소드[idempotent methods][2]란 몇 번을 호출되더라도 동일한 결과를 리턴하는 메소드를 말한다.

 GET 메소드는 여러 번 호출해도 타깃 리소스는 동일한 응답을 하므로, PUT 메소드는 동일한 리소스를 업데이트하고 이후에도 그 결과가 달라지지 않으므로 멱등하다.

POST는 복수 호출 시 각기 다른 결과가 리턴되거나 새로운 리소스가 계속 만들어질 수 있으므로 멱등하지 않다. DELETE는 처음에 리소스가 삭제되면 더 이상 존재하지 않고 여러 번 호출해도 결과가 달라지지 않기에 멱등하다.

RESTful 서비스의 설계 원칙

RESTful 서비스를 설계, 개발, 테스트하는 과정을 보자. 각 항목은 좀 더 자세히 설명할 것이다.

* 리소스 URI 결정

  어떤 명사[nouns]로 리소스를 나타낼지 정한다.

---

2 수학에서 멱등 법칙 또는 멱등성(idempotency)이란, 연산을 여러 번 적용하더라도 결과가 달라지지 않는 성질을 말한다.
 – 옮긴이

- 리소스 메소드 결정

  CRUD에 해당하는 여러 가지 HTTP 메소드를 사용한다.

- 리소스 표현형representation 결정

  JSON, XML, HTML, 일반 텍스트 중 어떻게 리소스를 표현할지 선택한다.

- JAX-RS API 기반 RESTful 서비스 구현

  API 구현은 JAX-RS 명세에 따라야 한다.

- RESTful 서비스 배포

  톰캣Tomcat, 글래스피시, 와일드플라이WildFly 같은 애플리케이션 컨테이너에 서비스를 배포한다. 이 책의 샘플에서도 WAR 파일을 생성하여 글래스피시 4.0 서버에 배포할 예정인데, JavaEE 7 호환 컨테이너라면 어떤 것이라도 상관없다.

- RESTful 서비스 테스팅

  클라이언트 API를 작성하여 서비스를 테스트, 또는 curl 및 브라우저 기반의 툴로 REST 요청을 테스트한다.

리소스 URI 결정

모든 RESTful 리소스는 URI로 식별된다. REST가 확장성이 좋다고 하는 것은 이 때문이다.

다음 표는 시스템 리소스를 URI로 나타낸 예다.

URI	설명
/v1/library/books	도서관 장서 전체
/v1/library/books/isbn/12345678	ISBN[3]이 '12345678'인 도서
/v1/coffees	커피숍에서 판매한 커피
/v1/coffees/orders	커피숍에서 고객이 주문한 커피
/v1/coffees/orders/123	주문번호가 '123'인 주문 정보
/v1/users/1235	ID가 '1235'인 유저
/v1/users/5034/books	ID가 '5034'인 유저의 대출 도서

위 표의 URI는 모두 클라이언트 입장에서 해석하기 매우 좋은, 가독성이 우수한 패턴을 갖고 있다. 리소스는 JSON, XML, HTML, 일반 텍스트 등의 형태로 표현할 수 있고, GET, PUT, POST, DELETE 같은 메소드로 처리할 수 있다.

리소스 메소드 결정

HTTP 메소드[verbs]는 단일 인터페이스[uniform interface][4] 제약 조건을 구성하는 중요한 요소이며, 동사[verbs] 기반의 액션과 명사[noun] 기반의 리소스 간 연관 관계를 정의한다.

다음 표는 도서관 장서 관리 시스템에서 HTTP 메소드와 각 리소스가 하는 일을 예로 든 것이다.

---

3 International Standard Book Number의 약자로 출판사가 간행한 도서에 국제적으로 통합하고 표준화하여 붙이는 고유의 도서번호다. – 옮긴이

4 서버와 클라이언트만 놓고 본다면 서로 통신하는 인터페이스를 하나로 단순화시켜야 전체 아키텍처 또한 단순해지며, 각 구성 요소 간 결합도가 낮아져야(decoupled) 독립적으로 운용하면서 개선시킬 여지가 생기는 것이다. – 옮긴이

HTTP 메소드	리소스 URI	설명
GET	/library/books	장서 목록을 조회한다.
GET	/library/books/isbn/12345678	ISBN '12345678'인 도서 정보를 조회한다.
POST	/library/books	새로 도서 주문을 한다.
DELETE	/library/books/isbn/12345678	ISBN '12345678'인 도서 정보를 삭제한다.
PUT	/library/books/isbn/12345678	ISBN '12345678'인 도서 정보를 갱신한다.
PATCH	/library/books/isbn/12345678	ISBN '12345678'인 도서 정보의 일부를 갱신한다.

HTTP 메소드와 REST

HTTP 메소드는 서버가 URL의 일부로 던져진 데이터를 갖고 어떤 일을 해야 할지 알려준다.

GET

GET은 가장 간단한 HTTP 메소드로, 리소스에 접근할 수 있게 해준다. 브라우저에서 주소 입력 후 클릭하면 URL 주소에 해당하는 서버로 GET 요청을 한다. GET은 안전하고 멱등한 메소드다. GET 요청은 캐시에 보관되며, 요청 문자열 끝에 쿼리 파라미터^{query parameter}를 덧붙일 수 있다.

다음은 현재 활동 중인 유저 전체 목록을 조회하는 GET 요청이다.

```
curl http://api.foo.com/v1/users/12345?active=true
```

POST

POST는 리소스를 생성하는 메소드로, POST 요청은 안전하지도 멱등하지도 않다. POST 요청을 여러 번 하면 여러 개의 리소스가 각각 만들어질 수 있고, 캐시 엔트리가 있다면 이를 전부 무효화[invalidation]시킨다. POST 요청에는 쿼리 파라미터를 붙이지 않는 것이 좋다.

다음은 유저를 생성하는 POST 요청이다.

```
curl -X POST -d'{"name":"John Doe","username":"jdoe",
  "phone":"412-344-5644"}' http://api.foo.com/v1/users
```

PUT

PUT은 리소스를 변경하기 위해 사용되며, 멱등하지만 안전하지 않은 메소드다. PUT 메소드는 여러 차례 호출해도 동일한 리소스를 변경하므로 결과는 동일하다. PUT 요청 역시 캐시 엔트리가 존재할 경우 이를 무효화시킨다.

다음은 유저 정보를 업데이트하는 PUT 요청이다.

```
curl -X PUT -d'{ "phone":"413-344-5644"}'
http://api.foo.com/v1/users
```

DELETE

DELETE는 리소스를 삭제하는 메소드이며, 멱등하지만 안전하지는 않다. RFC 2616 문서에 따르면 복수의 DELETE 요청은 단일 DELETE 요청과 결과가 동일하므로 멱등하다. 리소스가 한 번 삭제된 후에는 또다시 DELETE 요청을 여러 번 한다 해도 결과는 같기 때문이다.

다음은 사용자 정보를 삭제하는 DELETE 요청이다.

```
curl -X DELETE http://foo.api.com/v1/users/1234
```

HEAD

HEAD는 GET과 유사한데, 차이점이 있다면 콘텐츠가 아닌, HTTP 헤더만 리턴한다는 것이다. HEAD는 멱등하고 안전한 메소드다.

다음은 curl 로 HEAD 요청을 하는 예다.

```
curl -X HEAD http://foo.api.com/v1/users
```

 HEAD 요청은 GET 요청으로 대용량 데이터를 조회하기 전에 해당 리소스가 변경되었는지 여부만 확인하고 싶을 때 유용하다.

PUT과 POST의 차이

RFC에는 PUT과 POST의 차이점이 Request-URI[5]에 있다고 써 있다. POST 메소드는 요청을 처리할 엔티티^{entity}를 Request-URI로 지정하지만, PUT 메소드는 Request-URI 자체에 이미 엔티티가 포함되어 있다.[6]

이를테면, POST /v1/coffees/orders는 주문 데이터를 생성한 뒤 생성된 리소스를 가리키는 식별자^{URI}를 리턴한다. 반면 PUT /v1/coffees/orders/1234는 주문번호 1234의 리소스가 존재하면 업데이트하고, 존재하지 않을 경우 주문번호가 1234인 데이터를 생성한 뒤 orders/1234를 식별자로 사용한다.

 PUT, POST 둘 다 데이터를 생성하고 업데이트하는 메소드이지만, 메소드의 멱등성과 구별해야 할 리소스의 경로에 따라 사용법이 다르다.

---

5 Request-URI는 단일 자원 식별자(Uniform Resource Indentifier)이며 요청을 적용할 자원을 식별한다. (출처: RFC 2616) – 옮긴이

6 좀 더 쉽게 풀이하자면, 새로운 리소스의 URI를 클라이언트측에서 결정하는 것이 PUT, 서버측에서 결정하는 것이 POST이다. – 옮긴이

리소스 표현형 결정

RESTful 리소스는 추상적인 엔티티이므로, 어떤 표현형으로 직렬화하여 클라이언트에 전달해야 한다. 일반적으로 많이 쓰는 리소스 표현형은 XML, JSON, HTML, 일반 텍스트다. 서버 리소스는 클라이언트 측에서 처리 가능한 표현형으로 전달하며, 클라이언트가 어떤 언어와 미디어 타입을 원하는지 먼저 서버에게 알려줄 수도 있다. 이를 **콘텐츠 협상**이라고 하는데, '2장, 리소스 설계'에서 다시 설명한다.

API 구현

지금까지 RESTful 리소스 설계 및 HTTP 메소드 선택 등에 대해 알아보았다. 이제 화제를 API 구현과 RESTful 서비스 제작으로 옮겨보자.

자바 RESTful 서비스 API(JAX-RS)

JAX-RS는 REST 스타일로 애플리케이션을 제작, 개발하는 데 필요한 API를 정리한 것이다. 기반 시스템의 플랫폼에 상관없이 어노테이션annotation으로 자바 POJO를[7] RESTful 웹 리소스의 형태로 만들어 외부에 서비스할 수 있다.

현재 최신 버전은 2.0인데, 1.0에서 몇 가지 기능이 업그레이드되었다.

- 빈Bean 검증 지원
- 클라이언트 API 지원
- 비동기asynchronous 호출 지원

저지Jersey는 JAX-RS의 구현체다.

---

7 POJO(Plain Old Java Object)는 자바빈(JavaBean)과 같은 지극히 일반적인 자바 객체를 지칭하는 용어로, 과거 무거운 EJB 객체와 대조시키기 위해 의도적으로 붙여진 이름이며 새로운 기술을 지칭하는 용어는 아니다. – 옮긴이

지금까지 언급한 내용들은 다음 장 이후에도 계속 등장한다. 1장에서는 간단한 커피숍 예제를 들어, 다음과 같은 기능을 가진 REST 리소스, CoffeesResource를 작성할 것이다.

- 주문 목록 상세 조회

- 신규 주문 생성

- 주문 상세 내역 조회

JAX-RS API에 따라 다음과 같이 POJO 형태로 CoffeesResource 리소스를 구현하자.

```
@Path("v1/coffees")
public class CoffeesResource {

  @GET
  @Path("orders")
  @Produces(MediaType.APPLICATION_JSON)
  public List<Coffee> getCoffeeList( ){
  // 구현 코드 생략
}
```

1. 보다시피 CoffeesResource는 몇 줄 안 되는 POJO다. @Path 어노테이션으로 이 클래스가 서비스하는 리소스 URI를 "v1/coffees"라고 선언한다.

2. getCoffeeList() 메소드 위에는 다음 어노테이션들이 붙어 있다.

   ○ @GET: HTTP GET 메소드로 요청한다.

   ○ @PATH: GET v1/coffees/orders 요청이 getCoffeeList() 메소드를 호출할 것이다.

   ○ @Produces: 리소스가 리턴할 미디어 타입이다. MediaType. APPLICATION_JSON 상수는 'application/json'을 가리킨다.

3. 다음은 커피 주문을 생성하는 `addCoffee()` 메소드다.

```
@POST
@Consumes(MediaType.APPLICATION_JSON)
@Produces(MediaType.APPLICATION_JSON)
@ValidateOnExecution
public Response addCoffee(@Valid Coffee coffee) {
    // 구현 코드 생략
}
```

여기에 쓰인 어노테이션은 다음과 같다.

- `@POST`: HTTP POST 메소드로 요청한다.

- `@Consumes`: 리소스에 요청할 미디어 타입이다.

- `@Produces`: 리소스가 리턴할 미디어 타입이다.

- `@ValidateOnExecution`: 실행 시 파라미터나 리턴값에 대한 검증이 필요할 경우 해당 기능을 수행하는 메소드를 지정한다. `@ValidateOnExecution`와 `@Valid` 어노테이션은 '3장, 보안과 추적성'에서 자세히 설명한다.

일반적인 자바 객체를 REST 리소스로 변환하는 작업이 정말 간단하다는 걸 알게 되었을 것이다. 이제 메타데이터를 포함한 JAX-RS 애플리케이션의 컴포넌트 클래스를 작성할 차례다.

클래스명을 `CoffeeApplication`라고 하자.

```
@ApplicationPath("/")
public class CoffeeApplication extends Application {
    @Override
    public Set<Class<?>> getClasses() {
        Set<Class<?>> classes = new HashSet<Class<?>>();
```

```
        classes.add(CoffeesResource.class);
        return classes;
    }
```

@Override 어노테이션에서 알 수 있듯이, getClasses()는 재정의^{override} 메소드다. CoffeesResource는 Application을 상속한 서브 클래스이고, Application 클래스는 WAR 파일의 WEB-INF/classes, WEB-INF/lib 둘 중 한 곳에 있을 것이다.

RESTful 서비스 배포

리소스를 만들고 Application의 서브 클래스에 메타 정보를 추가했으니, WAR 파일을 빌드하는 작업만 남았다. WAR 파일은 서블릿 컨테이너라면 어디든 배포할 수 있다.

소스 코드는 이 책에 번들로 제공되는 예제 코드를 내려받아 사용할 수 있고, 그 안에 배포 및 실행까지 자세한 안내가 되어 있으니 참고하기 바란다.

RESTful 서비스 테스팅

이제 JAX-RS 2.0의 클라이언트 API로 리소스 접근을 테스트해보자.

JAX-RS 2.0 클라이언트 API

JAX-RS 2.0은 개정된 클라이언트 API로 RESTful 리소스에 접근하며, 그 시작점은 javax.ws.rs.client.Client 클래스다.

서비스 종단점^{endpoint}에 접근하는 방법은 다음과 같다.

```
Client client = ClientFactory.newClient();
WebTarget target = client.target("http://. . ./coffees/orders");
String response = target.request().get(String.class);
```

ClientFactory.newClient() 메소드로 먼저 기본 클라이언트 객체[client]를 생성하고, 다시 이 객체의 target 메소드로 WebTarget 객체[target]를 생성한다. target 객체는 HTTP 메소드와 쿼리 파라미터를 붙여 서버에 보낼 요청을 조합하는 역할을 한다.

JAX-RS 1.0 버전에서는 다음과 같이 리소스에 접근했었다.

```
URL url = new URL("http://. . ./coffees/orders");
HttpURLConnection conn = (HttpURLConnection) url.openConnection();
conn.setRequestMethod("GET");
conn.setDoInput(true);
conn.setDoOutput(false);
BufferedReader br = new BufferedReader(new InputStreamReader(conn.
getInputStream()));
String line;
while ((line = br.readLine()) != null) {
  //. . .
}
```

JAX-RS 2.0으로 버전업되면서 HTTPURLConnection 대신 좀 더 유연한 형태의 클라이언트 API를 사용할 수 있게 개선되었다.

그렇다면 POST 요청은 무엇일까?

```
Client client = ClientBuilder.newClient();
Coffee coffee = new Coffee(...);
WebTarget myResource = client.target("http://foo.com/v1/coffees");
myResource.request(MediaType.APPLICATION_XML
```

```
).post(Entity.xml(coffee), Coffee.class);
```

myResource.request() 호출 결과 리턴된 javax.ws.rs.client.Invocation. Builder 객체의 post() 메소드로 HTTP POST 요청을 한다. post() 메소드 는 Coffee 인스턴스에서 엔티티를 추출해서 파라미터로 사용하고 응답 결과 APPLICATION_XML 상수에 해당하는 'application/xml' 타입으로 리턴됨을 알 수 있다.

MessageBodyReaderWriter 구현체는 이미 client에 등록되어 있다. MessageBodyReader 및 MessageBodyWriter는 '2장, 리소스 설계'에서 설 명한다.

다음 표는 지금까지 살펴본 중요 JAX-RS 클래스와 어노테이션을 정리한 것 이다.

어노테이션	설명
javax.ws.rs.Path	리소스 클래스 또는 메소드의 상대 경로
javax.ws.rs.ApplicationPath	Application 서브 클래스의 베이스 URI
모든 @Path의 기본 경로	javax.ws.rs.Produces
리소스 응답 미디어 타입	javax.ws.rs.Consumes
리소스 요청 미디어 타입	javax.ws.rs.client.Client
클라이언트 요청의 시작 지점	javax.ws.rs.client.WebTarget
URI에 해당하는 리	소스 타깃

client는 클라이언트 측 통신 인프라를 구성하는 무거운 객체다. 따라서 client 인스턴스 를 초기화 또는 폐기하는 과정은 상대적으로 많은 비용을 유발하므로 애플리케이션에서 가급적 소수의 객체만을 만들어 쓰는 것이 좋다. 또한 메모리 누수 방지 차원에서 인스 턴스 폐기 전에 반드시 close() 메소드를 호출해야 한다.

RESTful 리소스 접근

REST 리소스에 접근하여 테스트하는 방법을 알아보자.

cURL

cURL은 많이 사용하는 커맨드라인 기반의 REST API 테스팅 툴이다. 사용자는 cURL 라이브러리와 커맨드로 요청을 생성한 후 파이프에 넣고[8] 응답 테스트를 할 수 있다. 다음 표는 몇 가지 curl의 기본적인 용례를 정리한 것이다.

curl 요청	설명
curl http://api.foo.com/v1/coffees/1	단순 GET 요청이다.
curl -H "foo:bar" http://api.foo.com/v1/coffees	-H 옵션으로 요청 헤더를 부가하는 curl 요청이다.
curl -i http://api.foo.com/v1/coffees/1	-i 옵션으로 응답 헤더를 조회하는 curl 명령이다.
curl -X POST -d'{"name":"John Doe","username":"jdoe", "phone":"412-344-5644"} http://api.foo.com/v1/users	유저를 생성하기 위해 POST 메소드로 전송한 curl 요청이다.

cURL 자체로도 강력한 툴이지만, 이외에도 기억하고 익혀야 할 옵션이 아주 많다. 그래서 Postman이나 Advanced REST Client 같은 브라우저 기반 툴이 쓰기에 좀 더 편하다.

---

8 예를 들어, 유닉스 계열 운영체제에서 curl acornpub.co.kr | grep book | sed "other book"과 같이 쓸 수 있다.
　 - 옮긴이

Postman

크롬 브라우저의 확장 프로그램인 Postman은 아주 훌륭한 REST API 개발/테스트 툴이다. 데이터를 JSON이나 XML로 렌더링해주는 뷰가 있고, HTTP 1.1 요청 미리보기, 재연하기[replay], 나중의 재사용을 위해 요청을 정리하는 기능까지 갖추었다. Postman은 브라우저와 동일한 환경을 공유하며 브라우저 쿠키 목록을 보여주는 기능도 있다.

cURL보다 Postman이 나은 점은 사용자가 굳이 커맨드나 스크립트를 쓰지 않아도 파라미터를 입력할 수 있는 멋진 UI를 갖고 있다는 사실이다. 기본 인증, 다이제스트 인증 같은 다양한 인증 스킴[scheme]을 지원하는 것도 또 다른 매력이다.

다음 그림은 Postman에서 쿼리를 전송하는 장면을 캡처한 것이다.

크롬에서 Postman 애플리케이션을 구동하면 위 그림처럼 Postman에서 테스트를 할 수 있다.

HTTP 메소드는 **GET**을 선택하고, URL은 api.postcodes.io/random/postcodes를 복사해 붙여 넣는다(PostCodes는 지리 데이터를 무료로 제공하는 오픈 소스다).

다음과 같은 JSON 형식의 응답 문자열이 리턴될 것이다.

```
{
    "status": 200,
    "result": {
        "postcode": "OX1 9SN",
        "quality": 1,
        "eastings": 451316,
        "northings": 206104,
        "country": "England",
        "nhs_ha": "South Central",
        "admin_county": "Oxfordshire",
        "admin_district": "Oxford",
        "admin_ward": "Carfax",
...}
}
```

 팩트 출판사에서 발간한 모든 도서의 예제 코드는 여러분들의 계정으로 http://www.packtpub.com에 접속 후 내려받을 수 있다. 만약 이 책을 다른 곳에서 구매했다면, http://www.packtpub.com/support에서 이메일 주소, 성명을 기재한 후 메일로 받아볼 수 있다. 한국어판은 에이콘출판사의 도서정보 페이지 http://www.acornpub.co.kr/book/restful-java-pattern에서 찾아볼 수 있다.

화면 좌측 영역을 보면, 신규 주문 생성, 특정 주문 정보 조회, 전체 주문 목록 조회 등 각각의 기능을 테스트할 수 있는 여러 개의 쿼리가 하나의 컬렉션으로 묶여 있다. 이런 식으로 여러분이 원하는 컬렉션을 추가해서 쿼리를 모아 놓을 수 있다.

 더 자세한 내용은 http://www.getpostman.com/을 참고하자.

기타 툴

REST 리소스 개발 작업에 도움이 될 만한 툴 두 가지만 더 소개한다.

Advanced REST Client

구글 웹툴킷^{WebToolkit} 기반의 크롬 확장 프로그램으로, REST API 개발/테스트 작업에 유용하다.

JSONLint

JSONLint는 JSON 객체의 유효성을 체크하는 온라인 검증기다. JSON 데이터를 서버에 요청하기 전 JSON 규격에 맞는 형식의 데이터인지 미리 점검해 볼 수 있는 유용한 툴이다. 자세한 내용은 홈페이지 http://jsonlint.com/에서 확인하기 바란다.

리소스 설계에 관한 베스트 프랙티스

- API 개발자는 명사와 HTTP 메소드를 사용하여 리소스를 구별하고 이해하기 쉬운 형태로 설계한다(예: /user/1234/getBook보다는 /user/1234/books이 더 낫다).

- 서브리소스^{subresource}는 URI를 연관지어 구별되도록 한다(예: ID가 1234인 유저에 대한 5678번 책의 저자 정보는 /user/1234/books/5678/authors).

- 그 밖의 조건은 쿼리 파라미터로 지정한다(예: 10개 이상의 리뷰가 달린 도서 목록을 조회하는 URI는 /user/1234/books?reviews_counts=10).

- 응답 레코드의 일부만 필요할 경우 쿼리 파라미터에 명시한다. 예컨대, 원하는 정보가 유저의 이름과 나이 뿐이라면 클라이언트 측에서는 '?필드'

쿼리 파라미터를 붙여(예: /users/1234?fields=name,age) 서버가 응답해야
할 정보가 무엇인지 밝힌다.

- 클라이언트가 원하는 출력 포맷을 지정하지 않을 수도 있기 때문에 기
  본 포맷을 정한다. 대부분의 API 개발자들은 기본 응답 MIME 타입으로
  JSON을 선택한다.

- 속성은 카멜 또는 언더바(_) 표기법으로 명명한다.

- users/1234/books/count처럼 개수를 세는 표준 API를 지원하는 것이
  좋다. 클라이언트 입장에서는 사전에 몇 건의 응답 객체가 리턴될지 알
  길이 없기 때문이다. 또 이렇게 하면 클라이언트 측에서 페이지네이션 쿼
  리를 하는 데 도움이 된다. 페이지네이션은 '5장, 고급 설계 원칙'에서 다
  룬다.

- 깔끔하게 출력할[9] 수 있는 옵션을 제공한다(예: users/1234?pretty_print).
  이 때 pretty_print 같은 쿼리 파라미터는 캐시하지 않는 것이 좋다.

- 서버 응답에는 가능한 한 상세한 내용을 담아서 클라이언트와 서버가 다
  시 얘기를 나눌 필요가 없도록 한다. 서버 응답 정보가 불충분할 경우 클
  라이언트는 또 다시 서버에 상세 정보를 질의할 수 밖에 없는데, 네트워크
  자원도 낭비되고 클라이언트 사용량 제한도 신경 쓰인다. 사용량 제한에
  대해서는 '5장, 고급 설계 원칙'에서 살펴볼 것이다.

---

9 {"foo": "lorem", "bar": "ipsum"}과 같은 JSON 객체를 다음과 같이 사람이 읽기 좋은 형태로 바꾸는 것을 말한다. – 옮긴이

```
{
  "bar": "ipsum",
  "foo": "lorem"
}
```

참고 자료

다음 사이트에서 좀 더 자세한 내용을 살펴볼 수 있다.

- RFC 2616: http://www.w3.org/Protocols/rfc2616/rfc2616-sec3.html

- 리차드슨 성숙도 모델:
  http://www.crummy.com/writing/speaking/2008-QCon/act3.html

- 저지 JAX-RS 구현: https://jersey.java.net/

- InspectB.in: http://inspectb.in/

- Postman: http://www.getpostman.com/

- Advanced REST Client:
  https://code.google.com/p/chrome-rest-client/

정리

1장에서는 REST, CRUD API와 함께 RESTful 리소스를 설계하는 방법에 대해 알아보았다. JAX-RS 2.0 어노테이션으로 HTTP 메소드를 표시했고 Client API로 리소스를 테스트했다. 마지막 절에서는 RESTful 서비스 설계에 관한 베스트 프랙티스를 정리하였다.

2장에서는 1장에서 언급한 개념들을 심화하여 살펴볼 것이다. 콘텐츠 협상, JAX-RS 2.0 엔티티 제공자, 에러 처리, 버전 관리, REST 응답 코드 등이 2장에서 다룰 주제다. 서버에서 클라이언트로 응답을 전송하는 스트리밍streaming, 청킹chunking 같은 기술에 대해서도 자세히 다룰 것이다.

2

리소스 설계

'1장, REST: 태생의 기원'에서는 REST의 기본적인 개념, 그리고 RESTful 리소스 설계에 관한 베스트 프랙티스를 학습했다. 2장에서는 요청/응답 패턴, 리소스의 다양한 표현형 처리, 상이한 API 버저닝versioning 전략, REST 응답 시 표준 HTTP 코드 사용 등을 다룰 것이다. 이 장에서 다룰 주제는 다음과 같다.

- REST 리소스 패턴
- 콘텐츠 협상
- 엔티티 제공자와 여러 가지 표현형
- API 버저닝
- 응답 코드와 REST 패턴

이 밖에도 요청/응답 엔티티를 직렬화serialization, 역직렬화deserialization하기 위한 커스텀 엔티티 제공자custom entity provider 외, 이를 다른 방식으로 접근한 스트리밍, 청킹도 알아본다.

REST 리소스 패턴

1장에서 우리는 가독성 높은 URI를 생성하고, HTTP 메소드로 다양한 CRUD 기능을 구현하고, 표준 MIME 타입과 HTTP 응답 코드로 클라이언트-서버 간 데이터를 송수신하는 방법을 공부했었다.

다음 그림은 표준적인 형태의 REST 요청/응답 패턴이다.

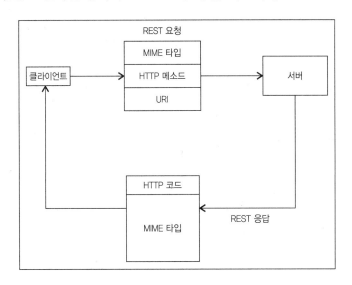

클라이언트가 표준 HTTP 메소드, MIME 타입, 타깃 URI로 구성된 REST 요청을 하면, 서버는 처리 후 표준 HTTP 응답 코드와 MIME 타입으로 구성된 응답을 리턴한다. HTTP 메소드와 JAX-RS 어노테이션 사용법, 그리고 리소스 URI 설계에 관한 일부 베스트 프랙티스는 1장에서도 이미 알아보았다. 2장에서는 여러 가지 MIME 타입을 처리하는 방법, 자주 쓰이는 HTTP 응답 코드를 알아보자.

콘텐츠 협상

콘텐츠 협상^{contents negotiation}이란, 동일한 URI의 리소스를 여러 가지 표현형으로 제공하여, 클라이언트가 원하는 하나를 선택할 수 있게 하는 것을 말한다.

> "HTTP에는 '콘텐츠 협상'(여러 개의 표현형을 가진 응답에서 최적의 표현형을 선택하는 과정)을 위한 몇 가지 장치가 준비되어 있다."
>
> – RFC 2616, 필딩 외 공저

콘텐츠 협상에는 두 가지 패턴이 있다.

* HTTP 헤더를 이용
* URL 패턴을 이용

HTTP 헤더를 이용한 콘텐츠 협상

리소스를 생성/수정하려고 할 때, 클라이언트는 종단점으로 어떤 형태의 페이로드^{payload[1]}를 전송해야 한다. 반대로 서버가 다시 클라이언트로 응답할 때에도 역시 페이로드가 전달된다. 이 과정에서 페이로드는 HTTP 메시지 본문과 함께 전달된 HTTP 요청/응답 엔티티가 처리한다.

엔티티는 HTTP POST나 PUT 메소드로 서버에 요청하고 응답을 리턴받는 과정에서 오고 간다. Content-Type 헤더는 서버가 보낸 엔티티의 MIME 타입을 가리킨다. 많이 사용되는 콘텐츠 타입은 `'text/plain'`, `'application/xml'`, `'text/html'`, `'application/json'`, `'image/gif'`, `'image/jpeg'` 등이다.

클라이언트는 서버에 자신이 처리할 수 있는 미디어 타입을 명시하고

---

1. 헤더나 체크섬(check sum) 등의 부가적인 정보를 제외한, 실제 전송하려는 목적 데이터 자체를 말한다. – 옮긴이

'Accept' 헤더에 그 우선 순위를 나열한다. 'Accept-Language' 헤더에 원하는 언어를 지정할 수도 있다. Accept 헤더가 없다면 서버는 임의로 표현형을 선택한다.

JAX-RS 명세에는 콘텐츠 협상을 지원하는 표준 어노테이션, javax.ws.rs.Produces, javax.ws.rs.Consumes이 정의되어 있다. 다음은 리소스에 @Produces를 사용한 예다.

```
@GET
@Path("orders")
@Produces(MediaType.APPLICATION_JSON)
public List<Coffee> getCoffeeList(){
    return CoffeeService.getCoffeeList();
}
```

getCoffeeList()는 커피 목록을 리턴하는 메소드로 @Produces(MediaType.APPLICATION_JSON)가 선언되어 있다. @Produces로 리소스가 클라이언트로 리턴할 응답 엔티티의 MIME 타입을 지정하며, 이는 클라이언트가 보낸 Accept 헤더와도 매치된다.

메소드를 호출 결과 받게 될 응답은 다음과 같을 것이다.

```
X-Powered-By: Servlet/3.1 JSP/2.3 (GlassFish Server Open Source
Edition 4.0 Java/Oracle Corporation/1.7)
Server: GlassFish Server Open Source Edition 4.0
Content-Type: application/json
Date: Thu, 31 Jul 2014 15:25:17 GMT
Content-Length: 268
{
    "coffees": [
        {
```

```
        "Id": 10,

        "Name": "Cappuchino",

        "Price": 3.82,

        "Type": "Iced",

        "Size": "Medium"

    },

    {

        "Id": 11,

        "Name": "Americano",

        "Price": 3.42,

        "Type": "Brewed",

        "Size": "Large"

    }

    ]

}
```

만약 클라이언트가 요청한 MIME 타입으로 리소스에서 결과를 보내줄 수 없다면, JAX-RS 런타임은 HTTP 406 Not Acceptable 에러를 리턴한다.

다음으로 @Consumes 어노테이션을 사용한 리소스를 보자.

```
@POST
@Consumes(MediaType.APPLICATION_JSON)
@Produces(MediaType.APPLICATION_JSON)
public Response addCoffee(Coffee coffee) {
    // 구현 코드 생략
}
```

@Consumes는 리소스가 사용할consume 미디어 타입이다. JAX-RS는 매치되는 경로가 있는지 찾아보고, 클라이언트가 지정한 콘텐츠 타입에 따라 메소드를 호출한다.

리소스 입장에서 클라이언트가 지정한 MIME 타입을 사용할 수 없을 경우, JAX-RS 런타임은 HTTP 415 Unsupported Media Type 에러를 낸다.

@Produces, @Consumes에 MIME 타입을 여러 개 지정할 수도 있다(예: @Produces(MediaType.APPLICATION_JSON, MediaType.APPLICATION_XML)).

정적인 콘텐츠 협상^{static contents negotiation}뿐만 아니라 JAX-RS는 javax.ws.rs.core.Variant 클래스와 javax.ws.rs.core.Request 객체를 이용하여 런타임 콘텐츠 협상^{runtime contents negotiation}을 지원한다. JAX-RS 명세에서 Variant는 미디어 타입, 콘텐츠 언어, 콘텐츠 인코딩, ETags, 최근 변경 헤더, 기타 다른 필수 조건^{precondition}들이 조합된 객체로, 서버가 지원하는 리소스 표현형을 나타낸다. Variant.VariantListBuilder는 Variant 리스트를 생성하는 클래스다.

```
List<Variant> variants = Variant.mediatypes("application/xml",
    "application/json").build();
```

VariantListBuilder.build 메소드로 리스트를 만든다. Request.selectVariant 메소드는 이렇게 만든 Variant 리스트를 파라미터로 받아 클라이언트가 보낸 Accept 헤더를 보고 이 중에서 택일한다. 다음 코드를 보자.

```
@GET
public Response getCoffee(@Context Request r) {
    List<Variant> vs = ...;
    Variant v = r.selectVariant(vs);
    if (v == null) {
        return Response.notAcceptable(vs).build();
    } else {
        Coffee coffee = ..// v값에 따라 표현형을 선택한다.
        return Response.ok(coffee, v);
    }
}
```

URL 패턴을 이용한 콘텐츠 협상

이미 몇몇 API에서 채택한 기법으로서, 리소스 URL의 확장자를 보고 리소스 표현형을 결정하는 것이다(예: http://foo.api.com/v2/library/books.xml, http://foo.api.com/v2/library/books.json). 서버는 상이한 URL을 구분하여 처리할 수 있게 2개의 메소드를 갖고 준비해야 한다. 리소스는 동일한데 표현형만 다른 것이다.

```
@Path("/v1/books/")
public class BookResource {
    @Path("{resourceID}.xml")
    @GET
    public Response getBookInXML(@PathParam("resourceID") String
      resourceID) {
        // 엔티티를 XML 형식으로 응답한다.
    }

    @Path("{resourceID}.json")
    @GET
    public Response getBookInJSON(@PathParam("resourceID") String
      resourceID) {
        // 엔티티를 JSON 형식으로 응답한다.
    }
}
```

getBookInXML와 getBookInJSON 중 어느 쪽이 호출될지는 URL 확장자에 달려 있다.

가급적 HTTP 콘텐츠 협상은 Accept 헤더를 이용하는 편이 좋다. 헤더를 이용하는 것이 복잡한 비즈니스 관련 문제들을 따로 분리하기가 용이하기 때문이다. 여러 가지 표현형을 리소스 메소드 하나로 모두 처리할 수 있다는 장점도 있다.

다음 절에서는 JAX-RS 엔티티 제공자를 이용하여 표현형을 직렬화/역직렬화하는 문제를 살펴보자.

엔티티 제공자와 여러 가지 표현형

앞서 보았던 예제에서는 URI 경로에서 추출한 파라미터나 URL 끝부분에 덧붙여진 쿼리 파라미터를 리소스 메소드에 그대로 전달했었다. 하지만, 메시지 본문에 페이로드를 실어 보내야 할 경우는 어떨까? (예: POST 요청) JAX-RS 는 인바운드 엔티티$^{inbound\ entity}$를 표현형에서 자바로 역직렬화하는$^{representation-to-Java}$ javax.ws.rs.ext.MessageBodyReader, 아웃바운드 엔티티$^{outbound\ entity}$를 자바에서 표현형으로 직렬화하는$^{Java-to-representation}$ javax.ws.rs.ext.MessageBodyWriter, 2개의 인터페이스를 각각 제공한다.

MessageBodyReader는 메시지 본문과 함께 실려온 엔티티를 역직렬화해서 자바 클래스로, 반대로 MessageBodyWriter는 자바 클래스를 특정 표현형의 포맷에 맞게 직렬화한다.

다음 표는 MessageBodyReader 인터페이스 구현 메소드다.

MessageBodyReader 메소드	설명
isReadable()	MessageBodyReader 클래스가 스트림을 자바 타입으로 바꿀 수 있는지 체크한다.
readFrom()	InputStream 클래스에서 타입을 읽어들인다.

isReadable() 메소드는 MessageBodyReader가 특정 입력을 처리할 수 있는지 확인하는 용도로 사용한다. readFrom() 메소드는 입력 스트림을 자바 POJO 로 변환한다.

다음 표는 MessageBodyWriter 인터페이스 구현 메소드다.

MessageBodyWriter 메소드	설명
isWritable()	MessageBodyWriter 클래스가 자바 타입을 스트림으로 바꿀 수 있는지 체크한다.
getSize()	사이즈를 알 수 있거나 값이 −1일 때, 바이트 수를 얻는다.
writeTo()	타입을 스트림으로 바꾸어 출력한다.

isWritable() 메소드는 MessageBodyWriter가 특정 입력을 처리할 수 있는지 확인하는 용도로 호출한다. writeTo() 메소드는 자바 POJO를 출력 스트림으 로 변환한다. 이 책의 예제 코드를 내려받아 잘 읽어보면 MessageBodyReader 와 MessageBodyWriter의 사용법을 이해할 수 있을 것이다.

StreamingOutput과 ChunkingOutput은 이보다 더 가벼운 구현체다. 다음 절 에서 JAX-RS 참조 구현체인 저지가 텍스트, JSON, XML 같은 기본적인 포맷 을 어떻게 처리하는지 알아보자.

StreamingOutput

javax.ws.rs.core.StreamingOutput 클래스는 애플리케이션이 출력 스트림을 내보낼 때 엔티티를 응답에 실어보낼 수 있는 콜백^{callback}으로 javax.ws.rs.ext.MessageBodyWriter 대신 사용할 수 있는 가벼운 클래스다.

다음은 서버 응답 시 StreamingOutput 클래스를 사용한 예제다.

```
@GET
@Produces(MediaType.TEXT_PLAIN)
@Path("/orders/{id}")
public Response streamExample(@PathParam("id") int id) {
    final Coffee coffee = CoffeeService.getCoffee(id);
    StreamingOutput stream = new StreamingOutput() {
    @Override
    public void write(OutputStream os) throws IOException,
      WebApplicationException {
        Writer writer = new BufferedWriter(new
          OutputStreamWriter(os));
            writer.write(coffee.toString());
            writer.flush();
        }
    };
    return Response.ok(stream).build();
}
```

코드를 보면 알겠지만, StreamingOutput.write()는 출력 스트림을 내보내기 위해 재정의한 메소드다. StreamingOutput은 스트리밍 방식으로 바이너리 데이터를 보낼 때 특히 유용하다. 더 자세한 내용은 예제 번들을 내려받아 샘플 코드를 뜯어보기 바란다.

ChunkedOutput

저지에서 서버는 `org.glassfish.jersey.server.ChunkedOutput` 클래스를 사용하여 응답 덩어리^{chunk}를 클라이언트에게 바로 전송할 수 있다. 다른 응답 덩어리가 모두 준비될 때까지 기다릴 필요도 없다. 응답 덩어리를 전송할 준비를 마치면 응답 헤더인 `Content-Length`의 `size` 객체값을 -1로 세팅하여 전송한다. 그러면 클라이언트는 응답 덩어리가 준비되었다는 사실을 인지하고, 각각의 응답 덩어리를 차례로 읽어들여 처리한 다음, 연결을 유지한 채 다른 덩어리를 기다린다. 서버는 마지막 덩어리를 보낸 후 응답 프로세스를 종료하고 연결을 해제하기 전까지 쉴 새 없이 응답 덩어리를 퍼 나른다.

다음 코드는 `ChunkedOutput`을 사용한 예다.

```
@GET
@Produces(MediaType.TEXT_PLAIN)
@Path("/orders/{id}/chunk")
public ChunkedOutput<String> chunkExample(final @PathParam("id") int
  id) {
final ChunkedOutput<String> output = new ChunkedOutput<String>(String.
  class);
new Thread() {
    @Override
    public void run() {
        try {
            output.write("foo");
            output.write("bar");
            output.write("test");
        } catch (IOException e) {
            e.printStackTrace();
        } finally {
            try {
```

```
                output.close();
            } catch (IOException e) {
                e.printStackTrace();
            }
        }
    }
    }.start();
    return output;
}
```

마지막 줄에서 chunkExample 메소드는 ChunkedOutput 객체를 리턴한다.

클라이언트 측에서는 org.glassfish.jersey.client.ChunkedInput 클래스로,
메시지를 '타입 처리된[typed]' 덩어리로 수신할 수 있다. 용량이 크거나 데이터
가 연속적인 입력 스트림을 한꺼번에 받지 않고 일부만 나누어 응답으로 받
아야 할 때 유용하다. 클라이언트가 ChunkedInput으로 데이터를 읽어들이는
코드를 보자.

```
ChunkedInput<String> input = target().path("..").request().get(new Ge
nericType<ChunkedInput<String>>() {
});
while ((chunk = chunkedInput.read()) != null) {
    // 구현 코드 생략
}
```

ChunkedOutput과 StreamingOutput의 차이점

ChunkedOutput은 저지가 제공하는 내부 클래스로 클라이언트와의 연결이 끊기지 않은 상태에서 응답 덩어리를 전송하게 해준다. POJO와 미디어 타입을 입력 받아 JAX-RS MessageBodyWriter 클래스로 POJO를 바이트로 변환하는, ChunkedOutput.write 메소드를 간단히 연속 호출한다. ChunkedOutput이 쓰기는 넌블로킹(non-blocking)[2] 모드로 동작한다.

StreamingOutput은 바이트를 직접 건드리는, 저수준의 JAX-RS API다. 서버는 StreamingOutput를 구현해야 하고, JAX-RS 런타임이 최초 1회 블로킹(blocking) 모드로 write(OutputStream) 메소드를 호출한다.

저지와 JSON

저지에서는 JSON 표현형을 여러 가지 방법으로 처리할 수 있다.

POJO 기반의 JSON 바인딩

모든 자바 객체를 JSON으로 매핑시킬 수 있는, 아주 포괄적인generic 방법이다. 매핑은 org.codehaus.jackson.map.ObjectMapper 잭슨jackson 인스턴스가 담당한다. 다음은 Coffee 객체로부터 JSON 문자열을 읽어들이는 코드다.

```
ObjectMapper objectMapper = new ObjectMapper();
Coffee coffee = objectMapper.readValue(jsonData, Coffee.class);
```

더 자세한 정보는 https://jersey.java.net/documentation/1.18/json.html 을 참고하자.

---

2 호출하자마자 즉시 리턴되는 형태의 동작을 넌블로킹(non-blocking), 호출 후 데이터 전송이 완료되어야 리턴되는 형태의 동작을 블로킹(blocking)이라고 한다. 이 두 모드의 차이는 결국 데이터 전송 완료 시점까지 호출한 함수가 기다리느냐, 기다리지 않느냐 여부다. 동기(synchronous)와 비동기(asynchronous)의 개념과 유사하지만 차이가 있다. – 옮긴이

JAXB 기반의 JSON 바인딩

리소스 입/출력에 XML/JSON 포맷이 사용될 경우 유용한 방법이다. 구현은 다음과 같이 간단히 POJO 객체에 @XMLRootElement 어노테이션을 붙여주기만 하면 된다.

```
@XMLRootElement
public class Coffee {
    private String type;
    private String size;
}
```

이 JAXB 빈[Bean]으로 리소스에서 JSON 포맷으로 데이터를 내보내려면 다음과 같이 코딩한다.

```
@GET
@Produces("application/json")
public Coffee getCoffee() {
  // 구현 코드 생략
}
```

@Produces 어노테이션이 알아서 책임지고 Coffee를 JSON 표현형으로 변환해줄 것이다.

저수준의 JSON 파싱과 처리 지원

JSON 형식에 소단위의[fine-grained] 섬세한 제어를 하고 싶다면, JSON 표현형을 JSONArray/JSONObject로 생성하는 것이 최선이다. 애플리케이션 개발자가 자신의 손바닥 위에 입/출력 JSON 데이터를 올려놓고 입맛에 맞게 가공할 수 있다는 이점이 있다. 다음은 JSONArray를 사용한 예다.

```
JsonObject myObject = Json.createObjectBuilder()
        .add("name", "Mocha")
        .add("size", "Large")
        .build();
```

그런데 데이터 모델 객체를 처리하는 일은 약간 복잡할 수 있다. 다음은 프로그래밍적으로 JSONParser를 사용하여 모델 객체를 추출하는 예다.

```
JsonParser parser = Json.createParser(...);
Event event = parser.next(); // START_OBJECT
event = parser.next(); // END OBJECT
```

API 버저닝

애플리케이션이 점진적으로 발전할 수 있도록, URI 설계 단계에서부터 버전을 명확히 구별할 수 있도록 틀을 마련해야 한다. 애플리케이션 운영 과정에서 밥 먹듯이 수정될 리소스를 미리 예측하기란 사실상 불가능하다. API 버저닝의 목적은 리소스의 종단점과 주소를 정의하고 여기에 버전을 부여하는 것이다. API 개발자는 버전 변경 시 사람이 개입하여 수작업을 하지 않아도 HTTP 메소드의 의미와 상태 코드가 계속해서 동작할 수 있게 해야 한다. 애플리케이션이 운명하기 전까지 API 버전은 계속 업데이트되면서, 일부 구버전 API는 폐기[deprecated]되어야 한다. 따라서 구 API를 경유한 요청은 최신 API로 자동 리다이렉트되도록 하든지, 아니면 적당한 에러 코드로 해당 API가 폐기되었음을 클라이언트에게 알려야 한다.

API 버저닝은 어디에 버전을 지정하느냐 따라 다음과 같이 분류할 수 있다.

- URI에 지정

- 요청 쿼리 파라미터에 지정

- Accept 헤더에 지정

세 방법 모두 잘 작동한다. 하나씩 자세히 살펴보면서 각각의 장/단점이 뭔지 알아보자.

URI에 버전 지정

리소스 URI에 버전을 명시하는 것이다.

예를 들어 다음 URL에서 "v2"라는 버전이 리소스 경로의 일부로 포함되어 있다.

http://api.foo.com/v2/coffees/1234

API 개발자는 기본적으로 최신 버전의 API 경로를 제공해야 한다. 다시 말해 v2가 최신 버전이라면 다음 두 URI는 동일한 리소스를 가리켜야 맞다.

- http://api.foo.com/coffees/1234

- http://api.foo.com/v2/coffees/1234

클라이언트가 구버전 API에 접속하면 HTTP 에러 코드를 리턴하여 최신 버전 API로 옮겨갈 수 있도록 조치해야 한다.

- 301 Moved Permanently: 요청한 경로의 리소스가 다른 URI로 영구 이동되었음을 의미한다. 구버전 또는 현재 지원하지 않는 버전의 API를 클라이언트가 사용하려고 할 때 다른 리소스 퍼머링크[permalink3]로 대체되었음을 알린다.

---

3 permanent + link의 합성어로 어떤 리소스에 대한 영구 불변의 절대적인 주소다. 원래는 블로그나 게시판 등의 게시물을 가리키는 고유 URL을 가리키는 용어로 많이 쓰였다. – 옮긴이

- 302 Found: 요청한 URI는 아직 유효하지만, 해당 리소스가 임시로 다른 경로에 옮겨졌음을 뜻한다.

요청 쿼리 파라미터에 버전 지정

쿼리 파라미터에 버전을 추가하여 보내는 방법이다. 리소스 메소드는 요청 객체와 함께 전달된 버전 정보를 보고 어떤 코드를 실행할지 판단한다. 예를 들어, URL이 http://api.foo.com/coffees/1234?version=v2라면 끝부분의 쿼리 파라미터 ?version=v2에서 요청 버전이 v2임을 알 수 있다.

단, 이 방법은 응답이 캐시되지 않는다는 단점이 있다. 게다가 리소스를 구현한 소스 코드에서 쿼리 파라미터에 실려온 버전에 따라 흐름을 분기시켜야 하므로 그다지 직관적이지도 않을 뿐더러 차후 유지 보수에도 좋지 않다.

 캐싱에 관한 베스트 프랙티스는 '4장, 성능을 고려한 설계'에서 다시 자세히 설명한다.

반면에 URI 자체에 버전이 포함된 형태는 좀 더 깔끔하고 가독성이 좋은 게 사실이다. 또 URI 버전의 수명^{lifespan} 체계를 표준화시켜 구버전을 호출하는 모든 요청을 최신 버전 URI로 리다이렉트할 수 있다.

 페이스북, 트위터, 스트라이프(Stripe)[4] API는 URI에 버전이 있다. 페이스북 API는 차기 버전이 릴리즈된 후 2년이 경과하면 해당 버전의 API를 폐기한다. 클라이언트가 버전을 특별히 지정하지 않으면 페이스북 서버는 기본적으로 가장 오래된 버전의 API를 사용한다.

트위터 API는 v1.0에서 v1.1로 완진히 옮겨가기까지 6개월의 시간을 준다.

API에 관한 자세한 내용은 '부록'에 나와 있다.

---

4 웹/모바일에서 온라인 결제를 쉽게 할 수 있도록 개발자들에게 API를 제공하는 서비스다. https://stripe.com – 옮긴이

Accept 헤더에 버전 지정

다음과 같이 Accept 헤더에 버전을 넣을 수도 있다.

```
Accept: application/vnd.foo-v1+json
```

vnd는 벤더 고유^{vendor-specific}의 MIME 타입이다. 이렇게 하면 더 이상 URL에 버전 정보를 넣을 필요가 없는데, 이 방식을 선호하는 API 개발자들도 있다.

깃허브(GitHub) API에서는 다음과 같이 Accept 헤더를 명시적으로 지정해야 한다.

Accept: application/vnd.github.v3+json

더 자세한 내용은 https://developer.github.com/v3/media/를 참고하자.

응답 코드와 REST 패턴

요청에 대한 응답 코드는 HTTP 표준으로 이미 정해져 있다. 다음 표는 CRUD API를 기반으로 한 REST 응답 패턴을 요약한 것이다. 실제 구현된 기능에 따라, 요청한 데이터가 응답 패킷에 포함되는지 여부에 따라 약간의 차이는 있을 수 있다.

그룹	응답 코드	설명
성공 2XX	200 OK	PUT, POST, DELETE 메소드로 각각 생성, 갱신, 삭제 작업을 성공적으로 마쳤다. 요청 데이터가 응답에 포함되어 리턴된다.
	201 Created	PUT 메소드로 리소스가 생성되었다. 응답에 리소스의 Location 헤더가 포함되어 있어야 한다.

(이어짐)

	204 No Content	DELETE, POST, PUT 메소드를 사용하여 요청을 처리했지만, 클라이언트에게 응답으로 보내줄 정보가 없을 때 사용한다.
	202 Accepted	서버에서 처리가 아직 완료되지 않아 응답을 보류한 상태로 비동기 요청 시 쓰인다. 클라이언트 측에서 요청을 모니터링 할 수 있도록 리소스의 Location 헤더를 리턴해야 한다.
리다이렉션 3XX	301 Permanent	모든 요청이 새로운 경로로 리다이렉트되었다.
	302 Found	리소스가 이미 존재하고 유효하다.
클라이언트 에러 4XX	401 Unauthorized	크리덴셜(credential)[5]에 문제가 있어 요청을 처리할 수 없다.[6]
	404 Not Found	리소스를 찾을 수 없다. 인증되지 않은 요청에 의한 정보 유출을 막기 위해서도 이 응답을 보내는 것이 좋다.
	406 Not Acceptable	클라이언트가 지정한 MIME 타입으로 리소스가 응답할 수 없다. Accept 헤더에 지정된 MIME 타입이 리소스 메소드/클래스의 @Produces 어노테이션으로 지정된 미디어 타입(들)에서 찾을 수 없다.
	415 Unsupported Media Type	클라이언트가 전송한 미디어 타입을 리소스가 사용할 수 없다. Content-Type 헤더에 지정된 MIME 타입이 리소스 메소드/클래스의 @Consumes 어노테이션으로 지정된 미디어 타입(들)에서 찾을 수 없다.
서버 에러 5XX	500 Internal Server error	정확히 원인은 알 수 없지만 서버 측에서 에러가 발생했을 때 보내는 일반적인 응답 코드다.
	503 Service Unavailable	서버가 점검 중이거나 처리 부하가 극심하여 현재 요청을 처리할 수 없는 상태다.

---

5 정보 시스템의 특정 응용에서 사용하는 암호학적 개인 정보(personal information)다. 한 개인이 사용하는 공개 키 암호 알고리즘을 위한 공개 키/개인 키 쌍, 공인 인증 기관이 발행하는 공개 키 인증서(certificate), 신뢰하는 루트 인증 기관(예, KISA 최상위 인증 기관) 관련 정보, 패스워드, 인가 정보 등을 포함하는 암호학적 정보의 총합이다. (출처: 한국정보통신기술협회 IT용어사전) - 옮긴이

6 크리덴셜에 문제가 있다는 것은, 유저 ID나 패스워드가 입력되지 않았거나 맞지 않는다는 말이다. - 옮긴이

JAX-RS의 `javax.ws.rs.core.Response` 클래스에는 `javax.ws.rs.core.Response.ResponseBuilder`를 사용하여 인스턴스를 생성하는 정적 메소드가 있다.

```
@POST
Response addCoffee(...) {
    Coffee coffee = ...
    URI coffeeId = UriBuilder.fromResource(Coffee.class)...
    return Response.created(coffeeId).build();
}
```

이 코드에서 `addCoffee()` 메소드는 `Response.created()` 메소드로 201 Created 응답 코드를 리턴한다. 이외의 응답 메소드에 대해서 궁금한 독자들은 https://jersey.java.net/apidocs/latest/jersey/javax/ws/rs/core/Response.html을 참고하자.

참고 자료

- https://jersey.java.net/documentation/latest/representations.html: 콘텐츠 협상에 관한 저지 공식 문서

- http://docs.jboss.org/resteasy/docs/2.2.1.GA/userguide/html/JAX-RS_Content_Negotiation.html: RESTEasy와 URL 기반의 콘텐츠 협상

- https://dev.twitter.com/docs/api/1.1/overview: 트위터 REST API 및 버저닝 전략

- https://developers.facebook.com/docs/apps/versions: 페이스북 API 및 버저닝

정리

2장에서는 콘텐츠 협상, API 버저닝, REST 응답 코드 등에 대해 알아보았다. 이 페이지를 넘기기 전에 여러분이, 하나의 리소스가 여러 가지 표현형을 지원함으로써 클라이언트가 그중 원하는 하나를 골라 쓰는 개념이 무엇인지 확실히 이해하고 넘어갔으면 좋겠다. 스트리밍과 천킹의 차이가 무엇인지, 서버 부하를 줄이기 위해 MessageBodyReader 및 MessageBodyWriter 같은 커스텀 엔티티 제공자를 사용하는 방법 또한 배웠다. 유명 기업들이 실제로 버저닝을 어떻게 하고 있는지, 그 밖의 다양한 주제들 속에 녹아 있는 베스트 프랙티스와 설계 원칙을 살펴보았다.

3장에서는 REST 프로그래밍 모델에서의 보안, 추적성, 검증 등 고급 주제들을 다뤄본다.

3

보안과 추적성

지금은 비즈니스 환경 변화에 상관없이 개발자들이 빠르고 쉽게 애플리케이션을 제작할 수 있는 오픈 플랫폼 세상이다. API 기반의 아키텍처 덕분에 기업 내/외부에서 애플리케이션을 신속하게^{agile} 개발하고, 쉽게 이식^{adoption}하고, 보급^{prevalence}, 확장^{scale}, 통합^{integration}할 수 있게 되었다. 그런데, 애플리케이션에 관한 한 중요한 고려 사항으로 빠질 수 없는 것이 바로 '보안'이다. 유저 크리덴셜은 애플리케이션 개발자가 직접 관여할 분야도 아니고, REST 서비스를 이용하는 클라이언트 중에는 PC 브라우저나 모바일 앱뿐만 아니라 다른 외부 서비스가 포함될 수도 있다. 따라서 실제 유저가 크리덴셜(유저네임/패스워드 등)을 직접 건네지 않아도 클라이언트가 이를 대신하여 원하는 바를 수행할 수 있는 인증 시스템이 필요하다. 바로 이런 시대적 요구에 의해 OAuth 2.0 명세가 세상 밖으로 모습을 드러내게 되었다.

분산 애플리케이션 제작에 있어서 추적성^{traceability} 역시 자지할 수 없는 중요한 고려 사항이다. 지리적으로 여기저기 분산된, 수천 개의 요청을 처리해야 하는 다수의 마이크로 서비스를 포괄하는 환경에서 디버깅을 하려면 요청과 관련된 데이터가 로깅되어 있어야 할 것이다. REST 리소스 요청/응답 코드는 운영 환경에서 디버깅이 가능하도록 반드시 로그를 남겨야 하고 그래야 나중에 추적 감사[audit trail] 용도로 활용할 수 있다. 이 장에서는 REST 프로그래밍 모델에서 보안과 추적성을 중심축으로 하여 다음 주제들을 다룬다.

- REST API 로깅

- RESTful 서비스의 예외 처리

- 검증 패턴

- 연계 식별[Federated identity]

  ○ SAML 2.0

  ○ OAuth 2.0

  ○ 오픈아이디 접속[OpenID Connect]

끝부분에서는 여러 가지 기술을 조합하여 확장성이 좋고 성능이 우수한 RESTful 서비스를 만드는 문제에 대해 살펴볼 것이다.

REST API 로깅

분산 애플리케이션이 복잡해질수록 다양한 지점에서 오류가 발생하게 마련이고, 문제점을 발견하고 고치기가 쉽지 않아 곧바로 대응하지 않고 자꾸 미루다 보면 나중에 감당해야 할 비용이 기하급수적으로 증가하게 된다. 애플리케이션 개발자와 운영자가 필요한 데이터를 서버에서 확인할 수 없어 조치를 못하는 경우도 있다.

RESTful 서비스 제작에 있어서 로깅은 매우 중요한 부분을 차지하고 있고, 분산 노드 형태로 여러 개의 마이크로 서비스를 운영 중인 환경이라면 특히 디버깅 시 효과적이다. 로그를 보면서 애플리케이션 또는 비즈니스 서비스를 구성하는 여러 가지 컴포넌트 간의 이벤트나 트랜잭션을 연관지을 수 있고, 로그가 순서대로 잘 정렬되어 있다면 운영 시스템에서 발생한 일련의 이벤트를 그대로 재연해볼 수도 있다. 또한, 로깅은 데이터를 색인^{index}, 취합^{aggregate}, 분할^{slice}하거나 요청 패턴을 분석하는 데에도 큰 도움이 되며, 미래에 도움이 될 만한 잠재적인 정보를 줄 수도 있다.

다음 코드는 REST 리소스에 간단한 로깅 필터를 작성한 것으로, 요청 관련 데이터(타임스탬프^{timestamp}, 쿼리 문자열$^{query\ string}$, 입력)를 로깅한다.

```
@WebFilter(filterName = "LoggingFilter", urlPatterns = {"/*"})
public class LoggingFilter implements Filter {
    static final Logger logger = Logger.getLogger(LoggingFilter.class);
    @Override
    public void doFilter(ServletRequest servletRequest,
      ServletResponse servletResponse,
            FilterChain filterChain) throws IOException,
              ServletException {
        HttpServletRequest httpServletRequest =
          (HttpServletRequest) servletRequest;

        logger.info("request"
        +httpServletRequest.getPathInfo().toString());
        filterChain.doFilter(servletRequest, servletResponse);
    }
}
```

LoggingFilter 클래스는 javax.servlet.Filter 인터페이스를 구현한 단순한 필터다. 로거는 요청 경로, 입력 등 모든 메시지를 로깅한다. 예제 코드에서는 Apache Log4j로 로깅을 셋업했다.

Apache Log4J에 대한 자세한 내용은 http://logging.apache.org/log4j/2.x/를 참고하자.

이렇게 쌓인 로그를 스플렁크^{Splunk}(http://www.splunk.com/) 같은 분산 로그 서버^{distributed log server} 애플리케이션으로 한데 모아 분석하면 운영 서버 고장이나 각종 성능 이슈에 관한 근본 원인을 개발자가 분석하기 위한 데이터로 활용할 수 있다. 분산 로그 서버 내부에 상세한 로그가 쌓여 있다면 개발자는 사고 발생 시각에 대체 무슨 일이 있었던 건지, 그 시점에 클라이언트는 어떤 데이터를 전송하려고 했고, 왜 요청이 실패했는지 추적할 수 있을 것이다.

REST API 로깅에 관한 베스트 프랙티스

대규모 분산 환경에서 로그 데이터는 개발자가 디버깅을 시작할 수 있는 거의 유일한 단서다. 따라서 제대로만 로깅이 되어 있다면 서버 문제를 추적하고 오류가 발생하기 직전까지의 과정을 재연하는 데 상당한 도움이 된다. 성능을 비롯한 각종 이슈를 추론하고, 시스템의 동작 방식을 이해하는 데 필수적인 로깅에 관한 베스트 프랙티스를 알아보자.

여러 서비스에 걸쳐 상세하고 일관된 패턴의 로그를 수집

최소한 다음 정보는 로깅에 포함해야 한다.

- 현재 날짜/시각
- 로깅 레벨
- 스레드명
- 간단한 로거명

- 상세한 메시지

민감한 데이터를 숨김

중요한 고객 개인 정보나 대외비 자료가 유출되는 것을 방지하기 위해 운영 환경에서 로깅 시 민감한 데이터는 반드시 마스킹 또는 숨김 처리를 해야 한다. 패스워드 은닉기obfuscator를 로깅 필터에 사용하면 로그에 기록된 패스워드, 신용카드 번호만을 따로 마스킹 처리할 수 있다. **개인 식별 정보**PII, Personally identifi able information는 성명, 이메일, 신용카드 번호 등과 같이 그 자체, 또는 두 가지 이상을 조합하여 개인을 식별할 수 있는 성격의 정보들이다. 개인 식별 정보가 포함된 데이터는 필히 치환substitution, 셔플링shuffling, 암호화encryption 기법으로 마스킹 처리해야 한다.

 더 자세한 정보는 http://en.wikipedia.org/wiki/Data_masking을 참고하자.

최초 호출자를 로깅

최초 호출자initiator를 로그에 명확히 기록하는 것이 좋다. API를 호출하는 클라이언트는 모바일, 웹 등 그 종류가 한두 가지가 아니므로 호출자를 식별할 수 있으면 특정 클라이언트에만 국한된 문제들을 해결하는 데 큰 도움이 된다.

기본적으로 페이로드는 로깅 안 함

페이로드는 로깅하지 않도록 한다. 민감한 정보를 다루는 리소스의 페이로드는 로그에 남지 않도록 하는 편이 좋다.

요청 관련 메타정보 로깅

매 요청마다 실행 소요 시간, 요청 상태, 요청 객체의 크기 등 상세한 정보를 남긴다. 아주 긴 메시지가 전송될 경우 발생할 지 모를 각종 성능 이슈나 응답 지연^{latency} 문제를 조사하는 데 도움이 된다.

로깅 시스템을 모니터링 시스템과 연계

로그 데이터를 모니터링 시스템에 연계하면 백그라운드로 SLA 지표^{metrics}[1] 등 통계 관련 자료를 수집할 수 있다.

 다양한 분산 환경에서 로깅 프레임워크 구현 사례

페이스북은 스크립(Scribe)이라는 자체 솔루션을 개발했다. 스트리밍되는 로그 데이터를 수집하는 서버로, 전 세계 곳곳에 배치된 서버로부터 매일 엄청난 개수의 요청을 처리할 수 있다. 각 서버에서 전송된 데이터는 처리, 진단, 인덱스, 요약, 수집 등의 과정을 거친다. 스크립은 아주 많은 노드로 확장시킬 수 있고 네트워크나 노드에 오류가 발생해도 문제없이 작동되도록 설계되었다. 시스템 노드마다 스크립 서버가 실행되고, 모든 메시지를 수집하여 상위 그룹의 중앙 스크립 서버로 전송하도록 되어 있다. 만에 하나 중앙 스크립 서버가 다운되면 메시지는 로컬 스크립 서버에서 파일 형태로 갖고 있다가 중앙 스크립 서버가 복구되는 대로 재전송된다. 더 자세한 내용은 https://github.com/facebookarchive/scribe를 참고하자.

대퍼(Dapper)는 구글의 추적 시스템으로, 수천 개의 요청으로부터 데이터를 샘플링하여 추적 가능할 정도의 충분한 데이터로 가공한다. 추적 정보는 일단 로컬에 로그 파일로 존재하다가 구글 빅테이블(BigTable) DB로 이동한다. 대부분의 경우 충분한 양의 데이터를 샘플링하는 것만으로도 상세한 내용을 추적하는 데 큰 도움이 된다는 것이 밝혀졌다. 더 자세한 내용은 http://research.google.com/pubs/pub36356.html을 참고하자.

---

1 SLA(Service Level Agreement, 서비스 수준 계약)란, IT 서비스를 이용하는 회사와 제공하는 회사 간에 일정한 서비스 수준을 보장하기 위한 계약이다. SLA 지표는 SLA가 잘 지켜지고 있는지 정량적으로 측정하기 위한 각종 항목(예: 가용성, 성능, 정확도, 응답 시간, 유연성 등)을 말한다. – 옮긴이

RESTful 서비스 검증

REST 또는 HTTP 방식의 서비스 API를 공개하기 전, 과연 API가 제대로 작동하는지, 데이터 포맷이 원래 의도했던 구조와 일치하는지 반드시 사전에 검증해야 한다. RESTful 서비스에 입력으로 흘러 들어온 이메인 간은 데이터가 표준에 맞는지, 페이로드에 특정 값들이 존재하는지, 우편 번호 포맷이 올바른지 등등 RESTful 서비스 측에서 검증을 해야 한다.

JAX-RS는 리소스 클래스를 검증하기 위한 빈 검증^{Bean Validation} 기능을 갖고 있다. 구체적으로는 다음 두 단계를 거친다.

- 리소스 메소드 파라미터에 어노테이션을 붙여 제약 조건^{constraint}을 추가한다.

- 엔티티가 파라미터로 전달되었을 때 엔티티 데이터가 유효한지 검증한다.

다음 코드는 `CoffeesResource` 클래스의 일부다. `@Valid` 어노테이션을 주목하기 바란다.

```
@POST
@Consumes(MediaType.APPLICATION_JSON)
@Produces(MediaType.APPLICATION_JSON)
@ValidateOnExecution
public Response addCoffee(@Valid Coffee coffee) {

    ...

}
```

어떤 메소드나 생성자가 실행 시 전달받은 파라미터 및 리턴값을 검증해야 할 때, `javax.validation.executable.ValidateOnExecution` 어노테이션을 사용한다. `javax.validation.Valid` 어노테이션으로는, 파라미터로 전달된 Coffee 객체가 POJO에서 정한 규칙을 따르고 있는지 확인한다.

그렇다면 Coffee POJO 클래스를 보자.

```java
@XmlRootElement
public class Coffee {

    @VerifyValue(Type.class)
    private String type;

    @VerifyValue(Size.class)
    private String size;

    @NotNull
    private String name;
    // 이하 getter/setter 생략
}
```

name 필드 위에 붙은 javax.validation.constrains.NotNull 어노테이션은 주문한 커피 이름이 NULL이 될 수는 없음을 의미한다. type, size 두 필드는 커스텀 어노테이션을 정의했는데, 비슷한 원리로 요청 본문과 함께 전해진 객체의 포맷에 문제가 없는지 체크한다.

이를 테면 Size는 다음 코드처럼 Small, Medium, Large, ExtraLarge 중 하나의 값을 가져야 한다는 제약 조건이 있을 수 있다.

```java
public enum Size {
    Small("S"), Medium("M"), Large("L"), ExtraLarge("XL");
    private String value;
}
```

검증 예외 처리 및 응답 코드

다음 표에 검증과 관련 있는 예외 발생 시 리턴되는 에러 코드 유형을 요약했다. HTTP 메소드의 요청과 응답 중 어느 쪽에서 검증을 했는지, 그리고 실제 던져진 예외에 따라서 에러 코드가 결정된다

리턴되는 HTTP 에러 코드	예외 종류
500 Internal Server Error	메소드의 리턴 타입을 검증하는 과정에서 javax.validation.ValidationException 또는 ConstraintValidationException을 비롯한 ValidationException의 서브클래스에 해당하는 예외 발생
400 Error	기타 메소드 검증 과정에서 ConstraintViolationException 예외 발생

다음 절에서는 API 개발자가 직접 애플리케이션에 특정한application-specific 예외를 발생시켜 그 종류에 따라 HTTP 에러 코드를 매핑하는 방법을 알아본다.

RESTful 서비스의 예외 처리

RESTful API 제작에서 애플리케이션에 특정한 예외를 발생시켜 상세한 예외 내용을 담고 있는 HTTP 응답 코드를 제공할 필요가 있다. 사용자 정의 예외 클래스를 작성하고 HTTP 응답 및 상태 코드와 매핑해보자. javax.ws.rs.ext.ExceptionMapper(예외 매퍼)는 애플리케이션이 던진 예외를 가로채어 지정된 HTTP 응답을 하기 위한 커스텀 컴포넌트로, 해당 클래스는 @Provider 어노테이션으로 표시한다.

다음 코드처럼 여러분도 예외 매퍼를 작성할 수 있다.

```
@GET
@Produces(MediaType.APPLICATION_JSON)
```

```
@Path("/orders/{id}")
public Response getCoffee(@PathParam("id") int id) {
    Coffee coffee = CoffeeService.getCoffee(id);
    if (coffee == null)
        throw new CoffeeNotFoundException("No coffee found for
            order " + id);
    return Response.ok(coffee).type(MediaType.APPLICATION_JSON_TYPE).
        build();
}
```

getCoffees() 메소드는 경로 파라미터(@PathParam)로 전달된 id와 함께 Coffee 객체를 리턴한다. id에 해당되는 데이터를 찾을 수 없을 때는 CoffeeNotFoundException 예외를 던진다.

다음은 ExceptionMapper 인터페이스를 구현한 코드다.

```
@Provider
public class MyExceptionMapper implements ExceptionMapper<Exception> {
    public Response toResponse(Exception e) {
        ResourceError resourceError = new ResourceError();
        String error = "Service encountered an internal error";
        if (e instanceof CoffeeNotFoundException) {
            resourceError.setCode(
                Response.Status.NOT_FOUND.getStatusCode());
            resourceError.setMessage(e.getMessage());

            return Response.status(
                Response.Status.NOT_FOUND).entity(resourceError)
                    .type(MediaType.APPLICATION_JSON_TYPE)
                    .build();
        }
        return Response.status(503).entity(
```

```
                 resourceError).type(MediaType.APPLICATION_JSON_TYPE)
                       .build();
        }
    }
```

ExceptionMapper.toResponse() 메소드를 재정의했다. 이 코드에서 던진 예외가 CoffeeNotFoundException의 인스턴스인지 조사해서 엔티티가 ResourceError 타입인 응답을 리턴한다.

ResourceError 객체는 @XMLRootElement 어노테이션을 붙인 POJO로, 응답 객체에 함께 실려 전송된다.

```
@XmlRootElement
public class ResourceError {
    private int code;
    private String message;
    // 이하 getter/setter 생략
...}
```

예제 코드를 실행하면 결과는 다음과 같다.

```
HTTP/1.1 404 Not Found
X-Powered-By: Servlet/3.1 JSP/2.3 (GlassFish Server Open Source
Edition 4.0 Java/Oracle Corporation/1.7)
Server: GlassFish Server Open Source Edition 4.0
Content-Type: application/json
Content-Length: 54


{"code":404,"message":"No coffee found for order 100"}
```

인증과 인가

예전에 기업 사용자의 인증을 단일화한 창구로 통합시키는 SSO[Single Sign-On] 같은 솔루션이 도입된 바 있다. SSO는 유저네임/패스워드를 하나의 저장소[repository]에서 보관하고, 한 번만 로그인하면 회사 내부의 여러 애플리케이션에 동시에 로그인되는 기술이다.

이후 서비스 지향 아키텍처[SOA, Service-Oriented Architectures]가 발전을 거듭하면서, 외부 협력사나 다른 서비스 업체들이 API를 사용하게 하면서, 서로 다른 애플리케이션/플랫폼 간에 SSO 연동을 간단히 할 수 있는 방법이 없을까 궁리하였다. 트위터, 페이스북, 링크드인 같은 소셜 미디어 서비스가 보편화되고, 수많은 애플리케이션과 다양한 기기들이 결합된 앱 생태계가 구축된 이후로는 이러한 필요성이 더욱 더 절실해졌다.

또한 애플리케이션에서 인증/인가 기능을 분리시켜야[decouple]하는 문제는 점점 중요하게 인식되었고, 더 이상 애플리케이션이 유저 크리덴셜을 꼭 갖고 있어야 할 이유가 없게 되었다. 이 절에서는 SAML 2.0과 OAuth 2.0 명세에 알아보고, 연계 식별의 일부분으로서 인증 기술들이 어떻게 로그인 과정을 간소화하면서도 철저한 보안을 가능하게 하는지 살펴본다.

세부적인 주제는 다음과 같다.

- SAML
- OAuth
- 리프레시 토큰[refresh token]과 액세스 토큰[access token] 비교
- 저지와 OAuth 2.0
- SAML과 OAuth는 각각 언제 사용하나?
- 오픈아이디 접속

인증의 의미

인증^{authentication}은 브라우저나 앱을 통해 시스템에 접속한 유저가, 자신이 '본인'이라고 주장하는 바로 '그 사람'인지 확인하고 소통하는 과정이다.

SAML

SAML^{Security Assertion Markup Language}(보안 보장 생성 언어)은 프로파일, 바인딩, SSO, 연계 식별 관리 등에 관한 표준 명세다.[2] SAML 2.0 명세는 웹 브라우저 SSO 프로파일을 제공하는데, 웹 애플리케이션의 SSO 구현 방법을 정한 것으로 다음 세 가지 롤이 정의되어 있다.

- 프린시펄^{Pricipal}: 유저 자신

- ID 제공자^{IdP, Identity Provider}: 유저의 ID를 확인하는 엔티티

- 서비스 제공자^{SP, Service Provider}: 유저의 ID를 확인하기 위해 ID 제공자를 이용하는 엔티티

다음 그림은 SAML의 처리 흐름을 간단히 나타낸 것이다. 자, 지금 한 직원이 자사 업무 시스템에 접속하려고 한다. 회사 애플리케이션은 이 직원의 ID가 정확한지 ID 제공자에게 질의한 뒤 그 결과에 따라 적절한 액션을 취할 것이다.

---

2 저자의 정의가 잘못된 것은 아니지만 처음 접하는 사람에서는 무척이나 난해한 표현이기 때문에 위키피디아의 정의를 참고로 인용한다. 'SAML은 상이한 주체(특히, ID 제공자와 서비스 제공자) 간에 인증/인가 정보를 교환하기 위한, XML 기반의 공개 표준 데이터 포맷이다.' - 옮긴이

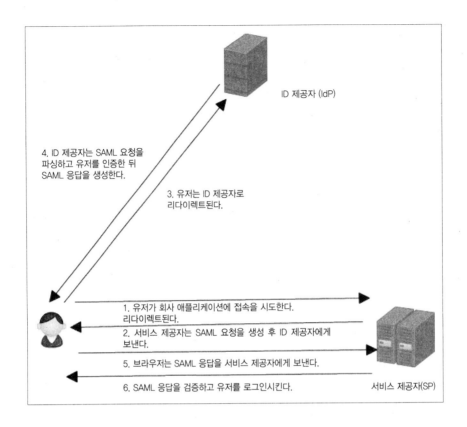

ID 제공자 (IdP)

4. ID 제공자는 SAML 요청을
파싱하고 유저를 인증한 뒤
SAML 응답을 생성한다.

3. 유저는 ID 제공자로
리다이렉트된다.

1. 유저가 회사 애플리케이션에 접속을 시도한다.
리다이렉트된다.

2. 서비스 제공자는 SAML 요청을 생성 후 ID 제공자에게
보낸다.

5. 브라우저는 SAML 응답을 서비스 제공자에게 보낸다.

6. SAML 응답을 검증하고 유저를 로그인시킨다.

서비스 제공자(SP)

단계별로 한번 정리해보자.

1. 유저는 회사 애플리케이션에 접근한다.

2. 회사 애플리케이션은 SAML 요청을 생성하고 유저를 직원 **ID 제공자**[IdP]로
   리다이렉트시킨다.

3. 유저는 직원 ID 제공자로 리다이렉트되어 SAML 인증 보장[authentication
   assertion]을 얻는다.

4. IdP는 SAML 요청을 파싱하고 유저를 인증한 뒤, SAML 응답을 생성한다.

5. 브라우저는 SAML 응답을 회사 애플리케이션으로 보낸다.

6. 액세스 토큰을 받고 나면 이제 회사 애플리케이션은 HTTP 요청 헤더에

토큰을 전달하여 웹 리소스에 접근할 수 있다. 액세스 토큰은 마치 이 애플리케이션이 유저의 대리인인 것처럼 캡슐화하여 세션 토큰 역할을 한다.

SAML은 웹 브라우저, SSO, SOAP, WS-Security에 적용 가능한 연관 명세^{binding specification}지만, REST API에는 아직 공식적으로 정의된 명세가 없다.

다음 절에서는 트위터, 페이스북, 구글 등에서 널리 사용 중인 OAuth 인증 방식에 대해 다룬다.

인가의 의미

인가^{authorization}는 요청자가 어떤 원하는 작업을 할 수 있는 권한을 갖고 있는지 확인하는 과정이다.

OAuth

OAuth^{Open Authorization}(공개 인가)는 유저가 애플리케이션에게 권한을 부여하여 유저네임/패스워드를 일일이 입력하지 않아도 자신의 계정과 관련된 사적인 데이터를 접근하게 하는 인증 기법이다.

전통적인 클라이언트/서버^{C/S, Client/Server} 시스템에서 유저는 크리덴셜을 입력해야 서버 리소스에 접근할 수 있었다. 클라이언트가 요청을 하든지, 다른 엔티티의 리소스를 요청하든지, 서버가 상관할 이유는 없다. 엔티티는 다른 애플리케이션, 다른 사람이 될 수 있으므로 클라이언트는 자신의 리소스가 아닌, 다른 유저의 리소스를 접근하며, 인증이 필요한 보호된 리소스에 접근하려면 누구라도 리소스 오너^{resource owner}로부터 사전에 허락을 받아야 한다. OAuth 덕분에 트위터, 페이스북, 구글+, 깃허브 등의 서비스는 자사 REST API를 공개할 수 있었고, 수많은 서드파티 애플리케이션이 탄생할 수 있는 토양이 다져지게 되었다. OAuth 2.0에서 SSL은 필수다.

OAuth 요청에서 각수[number of legs]란, 참여한 주체[party]의 개수다. 예를 들어, 클라이언트, 서버, 리소스 오너 세 주체가 개입했다면 3각[3-legged] OAuth, 클라이언트가 리소스 오너가 된다면 2각[2-legged] OAuth이 된다.

OAuth가 이런 멋진 능력을 발휘할 수 있게 된 건 액세스 토큰 덕분이다. 액세스 토큰은 일종의 대리키[valet key][3]같은 것으로, 제한된 시간(보통 수 시간에서 2~3일 정도) 동안 제한된 기능의 문을 열 수 있는 열쇠다. 다음 그림은 OAuth의 처리 흐름을 나타낸 다이어그램으로 인가 코드[authorization code]를 부여하는 절차를 알 수 있다.

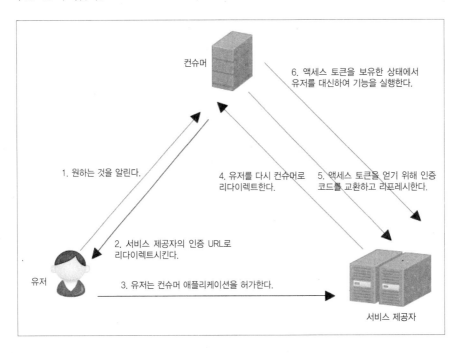

---

3 자동차를 구입할 때 주는 예비키를 말하는데, 차문을 열고 시동을 걸 수는 있지만 트렁크나 연료 주입구 등은 열 수 없게 되어 있다. 그래서 발레 파킹이 활성화된 미국에서는 메인키는 차 주인이 갖고 있고 대리키를 주차 요원에게 건네는 것이 일반적이다. – 옮긴이

예를 하나 들어보자. 한 유저가 플리커Flickr 같은 서비스 제공자의 웹 사이트에 자기 자신을 업로드했다고 하자. 어느 날 이 유저는 스냅피시Snapfish 같은 인화 서비스(컨슈머)를 이용하여 자신의 사진을 인화하고자 한다. 이 때 OAuth를 이용하면, 컨슈머 애플리케이션에 유저네임/패스워드를 직접 입력하지 않고도 유저는 정해진 시간 동안 컨슈머가 자기 사진에 접근하여 인화할 수 있도록 허락할 수 있다.

앞서 예로 든 상황에서 세 주체가 각자의 롤을 가지고 있음을 알 수 있다.

- 유저(리소스 오너): 유저는 리소스(사진)의 실 소유주로서 자신의 사진을 인화하고 싶어한다.
- 컨슈머 애플리케이션(클라이언트): 유저를 대신하여 인화 서비스를 제공하는 애플리케이션이다.
- 서비스 제공자(서버): 서비스 제공자는 유저의 사진을 담고 있는 리소스 서버다.

다시 한번 이 예제에서 OAuth가 작동하는 과정을 단계별로 정리해보자.

1. 유저는 어떤 애플리케이션이 자신을 대신해서 원하는 일을 수행하도록 허락하고자 한다. 우리 예제에서 '원하는 일'이 바로 컨슈머 애플리케이션이 구동되는 서버가 제공하는 사진 인화 서비스다.

2. 컨슈머 애플리케이션은 유저를 서비스 제공자의 인가 URL로 리다이렉트시킨다.

   즉, 서비스 제공자는 웹 페이지를 띄워 이렇게 물어볼 것이다. "컨슈머 애플리케이션이 당신의 데이터를 읽고 쓰려고 하는데, 허락하시렵니까?"

3. 유저는 사진 인화 애플리케이션(컨슈머)이 자신의 사진에 접근해도 좋다고 허락한다.

4. 서비스 제공자는 유저를 다시 컨슈머 애플리케이션으로 돌려보낸다(리다이렉트 URL을 통해서). 이 때 파라미터로 인가 코드를 전달한다.

5. 컨슈머 애플리케이션은 접근 허가를 받기 위해 인가 코드를 주고 받는다. 서비스 제공자는 컨슈머에게 액세스 토큰과 리프레시 토큰이 동봉된 접근 허가증을 발급한다.

6. 이제 접속이 체결되었고 컨슈머 애플리케이션은 서비스 API에 접근할 수 있는 참조 정보를 갖고 유저를 대신하여 서비스 제공자를 호출할 수 있다. 컨슈머는 서비스 제공자 서버에서 유저 사진을 가져와 인화를 시작한다.

OAuth의 강점은 실제 유저 크리덴셜 대신에 액세스 토큰을 사용하기 때문에 여러 가지 애플리케이션이 뒤섞인 상태에서도 별다른 혼란을 야기하지 않는다는 점이다. SAML 소지자 보장(Bearer Assertion)은 앞서 언급한 OAuth 3각과 흐름면에서 유사하지만, 유저 브라우저를 인증 서버로 리다이렉트시키는 대신에 서비스 제공자가 직접 ID 제공자에 접속해서 간단한 인가 보장(authorization assertion)을 획득한다. 서비스 제공자는 인가 코드를 주고 받지 않고, 유저의 SAML 소지자 보장을 교체한다.

OAuth 1.0과 2.0의 차이

OAuth 2.0 명세에는 토큰을 안전하게 보관할 방법이 없는 자바스크립트 언어로 어떻게 브라우저 내부에서 OAuth를 사용할 수 있는지 기술되어 있다. 또 모바일 폰, 심지어는 웹 브라우저가 아예 없는 장치들에서의 OAuth의 사용법을 고수준^{high level}에서 설명하고 있으며, 웹사이트는 물론이고 아주 오래된 컴퓨팅 장치나 스마트폰에서 구동되는 네이티브 애플리케이션과 앱 간의 상호 작용에 관한 내용까지 다루고 있다.

OAuth 2.0에는 다음 세 가지 프로파일이 정의되어 있다.

- 웹 애플리케이션(클라이언트 패스워드는 서버에 저장되고 액세스 토큰을 사용한다)

- 웹 브라우저 클라이언트(OAuth 크리덴셜은 신뢰할 수 없다. 즉 브라우저의 자바스크립트처럼 클라이언트 시크릿을 발급하지 않는다)

- 네이티브 애플리케이션(액세스 토큰 또는 리프레시 토큰을 생성하여 적절한 수준의 보안을 제공한다. 일례로 모바일 애플리케이션을 들 수 있다)

OAuth 2.0에서 암호화는 필수가 아니며, HMAC[4] 대신 HTTPS를 사용한다. 또 액세스 토큰의 수명을 제한할 수 있게 허용되어 있다.

권한 승인

권한 승인$^{authorization\ grant}$은 리소스 오너 또는 유저의 권한을 승인한다는 의미의 크리덴셜로서, 보호된 리소스에 클라이언트가 액세스 토큰으로 자유롭게 접근할 수 있게 한다. OAuth 2.0은 유형별로 다음 네 가지를 정의한다.

- 인가 코드 승인

- 무조건^{implicit} 승인

- 리소스 오너의 패스워드 크리덴셜 승인

- 클라이언트 크리덴셜 승인

OAuth 2.0은 이외의 승인 유형도 추가 확장할 수 있는 장치를 정의해두었다.

---

4 해시 기반 메시지 인증 코드(Hash-based Message Authentication Code). 표준 암호 해시 알고리즘과 비공개 대칭 키 암호 알고리즘을 조합시킨 키 기반의 해싱 알고리즘으로 보안 패킷을 식별한다. – 옮긴이

리프레시 토큰과 액세스 토큰

리프레시 토큰은 현재 발급받은 액세스 토큰이 이미 만료되었거나 더 이상 유효하지 않을 때 액세스 토큰을 재발급 받기 위한 크리덴셜이다. 리프레시 토큰 발급은 서버의 재량으로 결정할 선택 사항이다.

액세스 토큰과 달리 리프레시 토큰은 인가 서버에서만 사용되며, 리소스를 접근하기 위해 서버로 전송되지는 않는다.

저지와 OAuth 2.0

OAuth 2.0 RFC는 많은 기업이 OAuth 2.0로 각종 솔루션을 제작하는 데 기반이 되는 프레임워크다. 그런데 아직도 아직도 RFC에는 구현자^{implementer}에게 미뤄두고 애매하게 남겨둔 부분이 적지 않다. 예컨대, 필수 토큰 타입^{required} $^{token\ type}$이라든가, 토큰 만료$^{token\ expiration}$, 토큰 사이즈$^{token\ size}$ 등의 문제들은 결정을 유보하거나 명확한 가이드 라인이 없는 실정이다.

 더 자세한 내용은 http://hueniverse.com/2012/07/26/oauth-2-0-and-the-road-to-hell/을 참고하자.

현재 저지는 클라이언트에만 OAuth 2.0을 지원한다. OAuth 2.0 명세 자체가 확장 가능한 여지만 남겨두고 나머지는 서비스 제공자가 직접 구현하도록 유도하고 있다. 게다가 OAuth 2.0에서 정의된 인가 흐름이 한 가지만 있는 것이 아닌데, 현재 최신 버전의 저지에 구현된 것은 인가 코드 승인 흐름 Authorization Code Grant Flow뿐이고 나머지 다른 것들은 미지원 상태다. 더 자세한 내용은 https://jersey.java.net/documentation/latest/security.html을 참고하자.

OAuth에 관한 REST API 베스트 프랙티스

서비스 제공자 입장에서 OAuth 2.0을 구현할 때 알아두어야 할 베스트 프랙티스를 몇 가지 일러둔다.

액세스 토큰 수명 제한

인가 서버는 프로토콜 파라미터 expires_in으로 액세스 토큰의 수명을 제한하고 이를 클라이언트 측에 통보할 수 있다. 이런 식으로 토큰은 잠깐 동안만 사용하고 폐기하는 것이 좋다.

인가 서버에서 리프레시 토큰을 제공

리프레시 토큰은 수명이 짧은 액세스 토큰으로 유저가 따로 인증하지 않아도 더 오랫동안 리소스를 접근할 수 있게 할 목적으로 전송된다. 리소스 서버와 인가 서버가 동일한 엔티티가 아닐 경우에 더 유리하다. 이를테면 분산 환경에서 리프레시 토큰은 언제나 인가 서버에서 교환된다.

SSL과 암호화 적용

OAuth 2.0은 전적으로 HTTPS에 의존한다. 그래서 프레임워크는 간단해졌지만 보안은 그리 튼튼하지 않다.

다음 표는 SAML과 OAuth를 각각 사용하는 시나리오를 대략 정리한 것이다.

시나리오	SAML	OAuth
회사/기업(enterprise)이라면	SAML 사용	
어떤 리소스에 애플리케이션이 임시로 접근해야 한다면		OAuth 사용
커스텀 ID 제공자가 애플리케이션에서 필요하다면	SAML 사용	
모바일 기기가 애플리케이션에 접속할 수 있다면		OAuth 사용
SOAP나 JMS처럼 애플리케이션에 데이터 송수신 제약 사항이 없다면	SAML 사용	

오픈아이디 접속

오픈아이디 접속^{OpenID Connect}은 오픈아이디 재단^{OpenID Foundation}에서 발표한 명세로, OAuth 2.0을 토대로 하여 작성된 REST 및 JSON 기반의 상호 정보 교환^{interoperable} 프로토콜이다. SAML보다 내용이 단순하고 관리가 용이한데다, 소셜 네트워크에서 업무용 애플리케이션, 보안이 필수인 정부 기관 애플리케이션에 이르기까지 다양한 보안 수준을 제공한다. 오픈아이디 접속과 OAuth는 미래의 인증/인가 장치라고 할 수 있다. 더 자세한 내용은 http://openid.net/connect/를 참고하자.

OAuth 2.0과 오픈아이디 접속을 사용한 사례

구글+ 사인-인(Sign-In)이 바로 OAuth 2.0과 오픈아이디 접속 프로토콜을 결합한 애플리케이션이다. 무선(OTA, Over-The-Air) 설치, 소셜 기능, 표준 오픈아이디 접속 사인-인 흐름을 기반으로 한 사인-인 위젯 등의 기능을 제공한다.

다음 절에서는 지금까지 RESTful 서비스 작성에 대해 살펴본 여러 가지 컴포넌트들을 모두 정리해보자.

REST 아키텍처 컴포넌트

이 책의 뒷부분에서는 RESTful API 제작 시 반드시 고려해야 할 여러 가지 컴포넌트를 설명할 것이다. 이 절에서는 REST API 설계/개발 과정에서 함정에 빠지지 않기 위한 베스트 프래티스를 알아본다. 다음 그림은 REST 아키텍처의 갖가지 컴포넌트들을 한데 모아놓은 것이다.

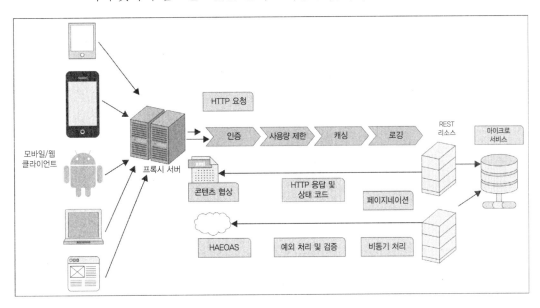

위 그림에서 알 수 있듯이 REST 서비스의 이용 주체는 모바일이나 웹 브라우저 등 다양한 플랫폼과 다양한 기기에서 운용되는, 다양한 클라이언트, 다양한 애플리케이션이 될 수 있다.

모든 요청은 일단 프록시 서버를 경유하며, 위 그림의 REST 아키텍처 컴포넌트들은 각각 체인 구조로 서로 연결되어 작동한다. 예를 들어, **인증**, **사용량 제한**, **캐싱**, **로깅** 등의 연관된 필터를 한데 모아 필터 체인으로 만들고, 유저 인증, 사용량 제한 초과 여부 확인, 해당 요청의 캐싱 여부 확인, 상세 요청 정보 로깅에 이르는 일련의 기능들을 차례로 실행하는 것이다.

응답 측면에서는, 서버가 전체 결과의 일부분만을 전송하는 **페이지네이션**과 **비동기 처리**를 통해 응답성과 확장성을 향상시킬 수 있다. 응답 객체 내부에 HATEOAS 관련 링크를 넣어 보낼 수도 있다.

자, 지금까지 공부한 REST 아키텍처 컴포넌트를 한번 정리해보자.

- HTTP 요청: 단일 인터페이스를 구현하기 위해 HTTP 메소드로 REST API 요청

- 콘텐츠 협상: 응답에 여러 가지 표현형이 가능한 경우 적절한 것을 택일

- 로깅: 이슈 발생 시 추적 및 분석 용도로 활용

- 예외 처리: 애플리케이션에 특정한 예외를 HTTP 코드화하여 전달

- OAuth 2.0 인증/인가: 유저가 자신의 크리덴셜을 입력하지 않고도 제 삼의 애플리케이션에 접근하여 원하는 기능 실행

- 검증: 클라이언트에게 요청 내용 및 처리 과정에서 발생한 오류의 상세한 내용을 에러 코드와 함께 전달

4장부터는 좀 더 깊이 있는 주제를 가지고 실제 JAX-RS로 구현된 코드를 살펴보면서 학습을 계속할 것이다.

- 사용량 제한: 소수의 클라이언트가 과도한 요청을 전송하여 서버 부하가 커지지 않게 함

- 캐싱: 애플리케이션의 응답성을 높임

- 비동기 처리: 클라이언트에게 서버가 비동기적으로 응답 리턴

- 마이크로 서비스: 모노리틱^{monolithic} 서비스를 소단위^{fine-grained} 서비스로 분할

- HATEOAS: 링크 목록을 응답에 포함시켜 사용성^{usability}, 이해성^{understandability}, 탐색성^{navigability}을 향상

- 페이지네이션: 전체 결과 데이터 중 원하는 일부를 클라이언트가 선택하여 조회

이외에도 페이스북, 구글, 깃허브, 페이팔 등 주요 플랫폼의 REST API는 실제로 어떻게 문제를 해결하고 있는지 살펴볼 것이다.

참고 자료

다음 사이트에서 좀 더 자세한 내용을 살펴볼 수 있다.

- https://developers.google.com/oauthplayground/: 서명된 요청을 만들고 테스트해볼 수 있는 구글의 OAuth 놀이터

- http://hueniverse.com/2012/07/26/oauth-2-0-and-the-road-to-hell/: OAuth 2.0과 지옥으로 가는 길

- https://developers.google.com/accounts/docs/OAuth2Login: 구글 계정의 인증/인가

- https://github.com/facebookarchive/scribe: 페이스북에서의 스크립 로그 서버

- http://static.googleusercontent.com/media/research.google.com/en/us/pubs/archive/36356.pdf: 대단위 분산 추적 아키텍처, 구글 대퍼Dapper

정리

3장은 RESTful API에서의 로깅, 그리고 이와 관련된 핵심적인 원칙을 소개하는 것으로 시작하였다. 클라이언트가 요청한 내용을 로깅하는 것이 얼마나 중요한 일인지, 그리고 보안에 문제가 없도록 로깅을 하는 방법을 설명했다. 빈 검증 기법으로 JAX-RS 2.0 리소스를 검증해봤고, 애플리케이션에 특정한 케이스별로 일반적인 예외 매퍼를 작성해보았다.

오늘날 다양한 시스템, 프로토콜, 기기들이 서로 연결되어 운용되는 환경에서 연합 식별이 왜 필요하게 되었는지, 그리고 SAML과 OAuth 2.0의 유사성, OAuth 관련 베스트 프랙티스를 알아보았다.

4장에서는 성능과 확장성을 향상시키기 위한 주제들로 여러분을 안내한다. 캐싱 패턴과 비동기 REST API, 그리고 HTTP 패치와 그 이후에 등장한 JSON 패치로 부분 업데이트를 하는 방법 등에 대해 자세히 살펴볼 것이다.

성능을 고려한 설계

REST는 웹 아키텍처를 설계하기 위한 아키텍처 스타일로서, 확장 가능한 웹 scalable web의 장점을 충분히 살릴 수 있는 방향으로 설계/구현되어야 한다. 이 장에서는 RESTful 서비스를 제작하는 모든 개발자가 반드시 알고 있어야 할, 성능을 고려한 고급 설계 원칙을 알아본다.

4장에서 다룰 주제는 다음과 같다.

- 캐싱caching의 원리
- REST에서 비동기 작업 및 실행 시간이 긴long-running 작업
- HTTP 패치PATCH와 부분 업데이트partial update

먼저 HTTP 캐시 헤더에 대해 자세히 살펴보고, 조건부 요청을 전송하여 새로운 콘텐츠와 캐시된 콘텐츠 중 어떤 것을 리턴받아야 할지 결정하는 방법을 설명한다. 그 다음 JAX-RS로 캐싱을 구현하는 코드를 작성할 것이다.

페이스북 API가 ETags로 캐싱을 실천하는 방법, 그리고 JAX-RS로 비동기 요청/응답 처리를 하는 기법과 관련된 베스트 프랙티스를 살펴본다. 마지막으로 HTTP 패치 메소드에 대해 알아보고 부분 업데이트의 구현 방법, 기타

이와 관련하여 흔히 사용하는 방법들을 이야기할 것이다.

많은 코드 조각들이 이 책 중간 중간에 흩어져 있는데, 완전한 예제 코드는 번들로 내려받을 수 있으니 전체 소스 코드를 꼭 확인하기 바란다.

캐싱의 원리

RESTful 서비스 설계와 연관된 여러 가지 프로그래밍 원리 중 먼저 캐싱에 대해 이야기하자. 캐싱은 요청에 대한 결과(응답)를 일정 시간 동안 임시 공간에 저장해두는 것이다. 그래야 나중에 동일한 응답을 캐시에서 꺼내어 바로 리턴할 수 있으니 서버 부하가 그만큼 경감된다.

캐시 엔트리^{cache entry}는 지정된 시간이 지나면 무효화^{invalidation}되며, API가 변경되거나 리소스가 삭제되는 등 캐시에 저장된 객체에 어떤 식으로든 변화가 일어나도 무효가 된다.

캐싱은 많은 강점을 갖고 있다. 캐싱을 함으로써 응답 지연^{latency}을 줄이고 애플리케이션의 응답성을 향상시킬 수 있다. 또 처리해야 할 요청 개수를 줄여 서버가 더 많은 요청을 담당할 수 있게 해주고, 덕분에 클라이언트는 신속하게 응답을 받을 수 있다.

일반적으로 이미지, 자바스크립트 파일, 스타일시트^{stylesheet} 같은 리소스는 모두 캐싱으로 처리하는 것이 좋다. 또 후위^{backend}에서 CPU 연산이 많이 필요한 작업도 응답을 캐시해두는 것이 이롭다.

캐싱 상세

캐싱에 대해 좀 더 자세히 살펴보자. 캐싱을 효과적으로 잘 활용하려면, 특정
리소스가 언제까지 유효하고 마지막으로 변경된 시점이 언제인지를 나타내
는 HTTP 캐싱 헤더를 이해해야 한다

캐싱 헤더의 종류

캐싱 헤더는 두 가지 종류가 있다.

- 강한strong 캐싱 헤더
- 약한weak 캐싱 헤더

강한 캐싱 헤더

캐시된 리소스가 언제까지 유효한지, 언제까지 브라우저가 GET 요청을 하지
않아도 되는 것인지 지정한다(예: Expires, Cache-Control max-age).

약한 캐싱 헤더

브라우저가 조건부 GET 요청을 날려 캐시로부터 아이템을 가져와야 할지 판
단하기 위한 정보다(예: Last-Modified, ETag).

Expires와 Cache-Control-max-age

Expires와 Cache-Control 헤더는, 브라우저가 새 버전의 리소스 유무를 확인
하지 않고 캐시된 리소스를 가져다 써도 되는 시간을 가리킨다. 일단 이 두 헤
더가 세팅되면, 만료 일자가 도래하거나 최대 수명이 경과하기 전까지는 새

리소스를 쳐다보지도 않는다. Expires 헤더는 리소스의 만료 일자를, max-age 속성은 리소스가 다운로드된 이후로 얼마 동안 유효한지를 각각 의미한다.

Cache-Control 헤더와 지시어

HTTP 1.1 명세에서 Cache-Control 헤더에는 캐시된 리소스의 최대 수명 말고도 다음 표의 지시자[directive]로 리소스의 캐싱 방식[behavior]을 지정할 수 있다.

지시자	의미
private	객체를 캐시하는 건 브라우저만 가능하다. 프록시(proxy)나 콘텐츠 배포 네트워크(CDN, Content Delivery Networks)는 캐시할 수 없다.
public	브라우저, 프록시, 콘텐츠 배포 네트워크 모두 객체를 캐시할 수 있다.
no-cache	객체를 아예 캐시하지 않는다.
no-store	메모리에서는 객체를 캐시하지만 디스크에는 저장하지 않는다.
max-age	리소스가 얼마 동안 유효한지 가리킨다.

응답 헤더에 Cache-Control HTTP/1.1이 사용된 예를 보자.

```
HTTP/1.1 200 OK Content-Type: application/json
Cache-Control: private, max-age=86400
Last-Modified: Thur, 01 Apr 2014 11:30 PST
```

여기서 Cache-Control 헤더의 지시자는 private, max-age는 86,400초, 즉 24시간으로 세팅했다.

Expires나 max-age 값 때문에 리소스가 무효가 된 이후로 클라이언트는 해당 리소스를 다시 요청하든지, 아니면 조건부 GET 요청을 전송하여 리소스가 변경되었을 때만 가져올 것이다. 이 때 요긴하게 쓰이는 장치가 바로 약한 캐싱 헤더(Last-Modified, ETag)다.

Last-Modified와 ETag

마지막으로 브라우저가 GET 요청을 보낸 이후로 그 사이에 리소스가 변경되었는지 확인하고 싶을 때 사용하는 헤더다. Last-Modified는 리소스의 최종 수정 일자를, ETag에는 리소스를 식별할 수 있는 어떤 값(예: 해시)을 가리킨다. 이 두 헤더의 도움을 받아 브라우저는 조건부 GET 요청을 전송하여 캐시된 리소스를 효율적으로 업데이트할 수 있다. 조건부 GET 요청은 서버 리소스가 변경되었을 경우에만 응답 전체를 받아오는데, 결과적으로 일반 GET 요청때보다 응답 속도가 빨라진다.

Cache-Control 헤더와 REST API

다음 코드와 같이 JAX-RS 응답에 Cache-Control 헤더를 추가할 수 있다.

```
@Path("v1/coffees")
public class CoffeesResource {
  @GET
  @Path("{order}")
  @Produces(MediaType.APPLICATION_XML)
  @NotNull(message = "Coffee does not exist for the order id
    requested")
  public Response getCoffee(@PathParam("order") int order) {
    Coffee coffee = CoffeeService.getCoffee(order);
    CacheControl cacheControl = new CacheControl();
    cacheControl.setMaxAge(3600);
    cacheControl.setPrivate(true);
    Response.ResponseBuilder responseBuilder = Response.ok(coffee);
```

```
        responseBuilder.cacheControl(cacheControl);
        return responseBuilder.build();
}
```

JAX-RS의 `javax.ws.rs.core.Cache-Control` 클래스는 HTTP/1.1 Cache-Control 헤더를 추상화시킨 것이다. `cacheControl` 객체의 `setMaxAge()`는 `max-age` 지시자에, `setPrivate(true)`는 `private` 지시자에 각각 대응된다. `getCoffee()`가 리턴할 응답 객체의 생성은 `responseBuilder.build()`가 담당하며, `cacheControl` 객체는 이 응답 객체에 보태진다.

애플리케이션은 다음과 같은 헤더를 넣어 응답할 것이다.

```
curl -i http://localhost:8080/caching/v1/coffees/1
HTTP/1.1 200 OK
X-Powered-By: Servlet/3.1 JSP/2.3 (GlassFish Server Open Source
Edition 4.0 Java/Oracle Corporation/1.7)
Server: GlassFish Server Open Source Edition 4.0
Cache-Control: private, no-transform, max-age=3600
Content-Type: application/xml
Date: Thu, 03 Apr 2014 06:07:14 GMT
Content-Length: 143

<?xml version="1.0" encoding="UTF-8" standalone="yes"?>
<coffee>
<name>Mocha</name>
<order>1</order>
<size>Small</size>
<type>Chocolate</type>
</coffee>
```

ETags

HTTP에는 다음 헤더로 구성된 강력한 캐싱 장치가 정의되어 있다.

- ETag 헤더

- If-Modified-since 헤더

- 304 Not Modified 응답 코드

ETags 헤더의 작동 원리

다음 그림은 ETags의 작동 원리를 알기 쉽게 표현한 것이다.

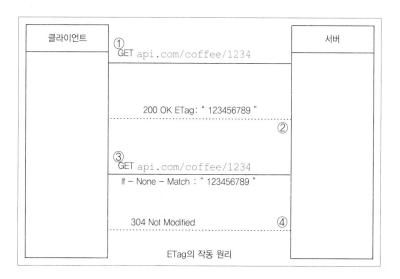

ETag의 작동 원리

단계별로 자세히 살펴보자.

1. 클라이언트는 http://api.com/coffee/1234로 REST 리소스를 GET 요청
   한다.

2. 서버는 ETag값(예: "123456789")과 함께 200 OK 응답 코드를 보낸다.

3. 얼마 후 클라이언트는 동일한 리소스를 한 번 더 GET 요청하는데, 이번엔

If-None-Match 헤더(예: "123456789")를 동봉한다.

4. 서버는 리소스의 해시값이 바뀌지 않았는지 체크하여, 바뀌지 않았다면
   304 Not-Modified 응답을 본문 없이 리턴한다.

만약 리소스가 변경되었다면 서버 응답은 200 OK가 되고 서버는 새 ETag를
리턴한다.

ETags 헤더와 REST API

다음은 JAX-RS 응답 객체에 ETag 헤더를 추가하는 코드다.

```
@GET
@Path("/etag/{order}")
@Produces(MediaType.APPLICATION_JSON)
@NotNull(message = "Coffee does not exist for the order id
  requested")
public Response getCoffeeWithEtag(@PathParam("order")
  int order, @Context Request request
) {
    Coffee coffee = CoffeeService.getCoffee(order);
    EntityTag et = new EntityTag(
            "123456789");
    Response.ResponseBuilder responseBuilder =
      request.evaluatePreconditions(et);
    if (responseBuilder != null) {
        responseBuilder.build();
    }
    responseBuilder = Response.ok(coffee);
    return responseBuilder.tag(et).build();
```

여기서 `javax.ws.core.EntityTag` 객체는 리소스의 해시값(간단히 "123456789"라고 하자)을 파라미터로 생성한다.

`request.evaluatePreconditions(et)` 메소드는 `EntityTag` 객체의 값을 체크한다. 조건이 맞으면 서버는 200 OK를 리턴한다.

`EntityTag` 객체는 응답에 실려 리턴되는데, 이는 `getCoffeeWithEtag` 메소드 전체의 리턴값이다. 더 자세한 내용은 전체 소스 코드를 내려받아 분석하기 바란다.

ETags의 종류

강한 ETag 검증 일치^{strongly validating ETag match}는 두 리소스가 바이트 단위까지 정확히 일치하고, 다른 엔티티 필드(예: Content-Language)들도 변경되지 않고 그대로인 상태를 의미한다.

약한 ETag 검증 일치^{weakly validating ETag match}는 두 리소스가 의미상으로 동등^{semantically equivalent}하며 캐시된 사본이 사용 가능함을 의미한다.

캐싱은 클라이언트 요청 호출 횟수를 줄이는 데 획기적인 도움이 되며, 조건부 GET 요청과 ETag, IF-None-Match 헤더, 304-Not Modified 응답을 사용하여 대역폭과 컴퓨터 연산 시간을 아끼고 완전한 응답^{complete response}을 리턴하는 횟수 또한 줄일 수 있다.

 HTTP 응답 시 Last-Modified, ETag 중에서 하나, 그리고 Expires, Cache-Control maxage 중 하나를 선택하는 것이 좋다. Expires, Cache-Control maxage 모두 다 전송하는 건 중복이다. 미찬가지로, Last-Modified, ETag 둘 다 보내는 것 또한 중복이다.

페이스북 REST API와 ETags

페이스북 마케팅Marketing API[1]는 그래프Graph API에서 ETags를 지원한다. 컨슈머가 그래프 API를 호출하면 리턴되는 응답 헤더에 ETag값(결과 데이터의 해시값)이 이미 포함되어 있다. 동일한 API를 재차 호출하면 최초 호출 시 저장된 ETag값에 If-None-Match 헤더를 붙여 요청한다. 만약 그 사이 데이터에 변경사항이 없다면 304 Not Modified 응답 코드만 리턴하고 데이터는 전송하지 않는다.

마지막 호출 이후 서버 측 데이터가 바뀌었다면, 평상시처럼 데이터를 리턴하면서 새 ETag도 같이 넘긴다. 새 ETag는 이후 호출 시 다시 사용된다. 더 자세한 내용은 http://developers.facebook.com을 참고하자.

RESTEasy와 캐싱

RESTEasy는 JBoss 프로젝트의 하나로, RESTful 웹 서비스 및 자바 애플리케이션을 쉽게 제작할 수 있게 해주는 다양한 프레임워크를 제공한다. RESTEasy는 어떤 서블릿 컨테이너에서도 실행 가능하지만, JBoss AS(애플리케이션 서버)에 최적화되어 있다.

RESTEasy는 JAX-RS를 더 확장해서, GET 요청이 성공하면 자동으로 Cache-Control 헤더를 세팅할 수 있는 기능이 있다.

이외에도 JAX-RS 서비스 최전방에서 서버 사이드server-side, 로컬local, 인메모리in-memory 캐시 기능을 지원한다. JAX-RS 리소스 메소드가 Cache-Control 헤더를 세팅하여 보내면, 자동으로 마샬링된marshaled 응답을 캐시한다.

HTTP GET 요청이 도착하면 RESTEasy 서버는 URI가 캐시에 저장되어 있

---

1 페이스북에서 2011년부터 제공하는 프로그래밍 연동 API로, 자사의 페이지(page), 인사이트(insight), 광고(Ads) 같은 마케팅 툴을 이용하여 최적화된 솔루션을 사용자가 제작할 수 있다. – 옮긴이

는지 확인하고, 만약 이미 저장되어 있다면 더 이상 JAX-RS 메소드를 호출하지 않고 기존에 마샬링된 응답을 그대로 리턴한다.

더 자세한 내용은 http://www.jboss.org/resteasy를 참고하자.

 서버 캐싱에 관한 팁

PUT이나 POST 요청에 대해서는 캐시 엔트리를 무효화하라. 쿼리 파라미터가 포함된 요청은 캐시하지 마라. 쿼리 파라미터의 값이 바뀌면 서버에 캐시된 응답은 더 이상 유효하지 않기 때문이다.

REST에서 비동기 작업 및 실행 시간이 긴 작업

RESTful API를 개발하다 보면 종종 비동기 작업, 실행 시간이 아주 긴 작업을 처리하는 문제에 맞닥뜨리게 된다. API 개발자가 작성한 리소스가 특성상 처리 시간이 꽤 오래 걸릴 수밖에 없는 경우, 처리가 끝날 때까지 클라이언트를 마냥 기다리게 할 수 없다는 점이 문제다.

커피숍에서 커피를 주문한다고 하자. 여러분의 커피 주문은 큐^{queue}에 쌓여 있다가 바리스타가 짬이 나면 처리할 것이다. 그 전까지는 영수증만 만지작거리다가 점원이 커피가 나왔다고 할 때까지 기다려야 한다.

비동기 리소스 처리도 원리는 비슷하다. 비동기란 말 자체가 리소스가 즉시 생성되지 않는다는 것을 의미한다. 요청은 작업/메시지 큐에서 대기하고 있다가 나중에 처리되든지 할 것이다.

자, 다음과 같이 스몰 사이즈 에스프레소를 주문(요청)해보자.

```
POST v1/coffees/order HTTP 1.1 with body
<coffee>
  <size>SMALL</coffee>
  <name>EXPRESSO</name>
  <price>3.50</price>
<coffee>
```

응답은 다음과 같다.

```
HTTP/1.1 202 Accepted
Location: /order/12345
```

응답 코드가 202 Accepted header임을 주목하기 바란다. Location 헤더는 커피 리소스의 경로를 가리킨다.

비동기 요청/응답 프로세스

JAX-RS 2.0은 클라이언트/서버 컴포넌트 간에 비동기적으로 상호 작용을 할 수 있도록 클라이언트, 서버 양측 모두 비동기 처리 API를 제공한다. 2.0 버전에서 새로 추가된 인터페이스와 클래스를 살펴보자.

- 서버 측
  - AsyncResponse: 주입 가능한[injectable] JAX-RS 비동기 응답이다. 서버 측에서 비동기적으로 응답 처리를 할 수단을 제공한다.
  - @Suspended: 컨테이너가 HTTP 요청을 다음 스레드에서 처리하도록 지시한다.
  - CompletionCallback: 요청 처리 완료 시 호출되는 콜백이다.
  - ConnectionCallback: 접속과 관련된 비동기 응답의 라이프사이클[lifecycle] 이벤트를 받는 비동기 요청 처리 라이프사이클 콜백이다.

- 클라이언트 측

  ○ InvocationCallback: 호출 처리 과정에서 비동기 처리 이벤트를 받아 처리하는 콜백이다.

  ○ Future: 클라이언트로 하여금 비동기 작업의 완료 상태를 폴링[polling2]하거나 처리, 대기될 수 있게 해주는 깃치다.

 자바 SE 5에서 처음 등장한 Future 인터페이스로 비동기 처리 결과를 두 가지 방법으로 전달받을 수 있다. 1) Future.get(...)을 호출해서 결과가 나오거나 타임아웃이 발생하기 전까지 기다린다. 2) Future의 현 상태를 Boolean값으로 리턴해주는 isDone(), isCancelled() 메소드를 호출하여 Future의 현 상태를 체크한다. 더 자세한 내용은 http://docs.oracle.com/javase/1.5.0/docs/api/java/util/concurrent/Future.html을 참고하자.

다음 그림은 JAX-RS에서 비동기 요청/응답 처리 과정을 나타낸 것이다.

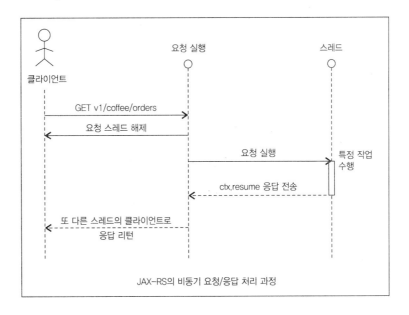

JAX-RS의 비동기 요청/응답 처리 과정

---

2 폴링(polling)이란 충돌 회피 또는 동기화 처리 등을 목적으로 다른 프로그램의 상태를 주기적으로 계속 체크해서 어떤 조건을 만족할 때 비로소 송수신 등의 자료처리를 하는 것을 말한다. – 옮긴이

클라이언트가 CoffeeResource의 비동기 메소드를 호출하면, CoffeeResource 클래스는 스레드를 생성하고 집중적으로 작업을 수행한 뒤 응답을 리턴한다. 그 사이에 요청 스레드는 해제되어 다른 요청을 받을 준비를 한다. 스레드는 작업을 마치는 대로 클라이언트에게 응답을 리턴한다.

다음은 JAX-RS 2.0 API를 사용하여 비동기 리소스를 코딩한 것이다.

```
@Path("/coffees")
@Stateless
public class CoffeeResource {
  @Context private ExecutionContext ctx;
  @GET @Produce("application/json")
  @Asynchronous
  public void order() {
      Executors.newSingleThreadExecutor().submit(new Runnable() {
          public void run() {
              Thread.sleep(10000);
              ctx.resume("Hello async world! Coffee Order is 1234");
          }
      });
      ctx.suspend();
      return;
  }
}
```

CoffeesResource 클래스는 무상태 세션 빈이다. 이 클래스의 order() 메소드에 @Asynchronous 어노테이션을 붙이면, 이른바 '호출 후 나 몰라라[fire-and-forget]' 모드로 작동한다. 클라이언트가 order()의 리소스 경로를 통해 리소스를 요청하면, 새 스레드가 만들어져 응답을 준비하는 작업에 착수한다. 이 스레드가 실행자[executor]에게 넘겨져 작업이 실행될 즈음, 클라이언트 요청 처리를 담당하던 스레드는 해제되어(ctx.suspend를 경유) 이후 들어오는 다른 요청을 접수한다.

응답을 준비하기 위해 생성된 작업 스레드가 처리를 끝내면, ctx.resume 메소드를 호출하여 따끈따끈한 응답이 완성되었다고 컨테이너에게 알린다. ctx.resume 메소드가 ctx.suspend 메소드보다 먼저 호출되면 (ctx.suspend 메소드에 도달하기 전에 작업 스레드가 결과 준비를 마치면) 보류 상태^{suspension}는 무시되고 클라이언트에게 곧바로 결과를 전송한다.

다음 코드처럼 @Suspended 어노테이션을 붙여도 기능적으로는 같다.

```
@Path("/coffees")
@Stateless
public class CoffeeResource {
  @GET @Produce("application/json")
  @Asynchronous
    public void order(@Suspended AsyncResponse ar) {
      final String result = prepareResponse();
      ar.resume(result)
    }
}
```

@Suspended를 쓰는 편이 아무래도 좀 더 깔끔하다. ExecutionContext 변수를 써서 컨테이너를 대기시킨 후, 작업 스레드(여기서는 prepareResponse() 메소드) 완료 시점에 커뮤니케이션 스레드를 재개하도록 지시할 필요가 없기 때문이다. 비동기 리소스를 소비하는 클라이언트 코드 입장에서는 콜백 장치를 사용하거나 코드 레벨로 폴링을 할 수 있다. 다음 코드는 Future 인터페이스를 통해 폴링을 하는 예다.

```
Future<Coffee> future = client.target("/coffees")
                              .request()
```

```
                    .async()
                    .get(Coffee.class);
try {
    Coffee coffee = future.get(30, TimeUnit.SECONDS);
} catch (TimeoutException ex) {
    System.err.println("Timeout occurred");
}
```

처음에 Coffee 리소스 요청을 구성하는 것으로 시작한다. javax.ws.rs.client.Client 인스턴스의 target() 메소드를 호출해서 Coffee 리소스에 해당하는 javax.ws.rs.client.WebTarget 인스턴스를 생성한다. Future.get(...) 메소드는 서버에서 응답이 오기 전까지, 또는 30초의 타임아웃이 되기 전까지 기다린다.

javax.ws.rs.client.InvocationCallback을 사용해서 비동기 클라이언트를 구현할 수도 있다. 호출 이후 비동기 이벤트를 캐치할 목적으로 구현된 콜백이다. 더 자세한 내용은 https://jax-rs-spec.java.net/nonav/2.0/apidocs/javax/ws/rs/client/InvocationCallback.html을 참고하자.

비동기 리소스에 관한 베스트 프랙티스

202 Accepted 메시지 전송

비동기 요청/응답에서 유효한 리소스가 아주 오래 걸리지 않고(몇 초 정도 소요될 수는 있지만) 준비될 수 있다면 API는 202 Accepted 응답을 리턴해야 한다. 요청이 접수되어 지금 처리 중이고 리소스가 곧 준비될 거라고 알리는 것이다. 또 `202 Accepted` 메시지 내부에 `Location` 헤더를 통해 클라이언트가 생성될 리소스를 어디에서 찾아야 할 지 알려준다. 리소스를 바로 리턴할 수 없는 상황에서 `201 Created`를 응답해선 안 된다.

큐에 대기 중인 객체의 만료 시각 설정

일정 시간이 지난 후 큐에 쌓인 객체는 만료되어야 한다. 주기적으로 제거하지 않으면 시간이 지날수록 엄청나게 많은 객체들이 큐에 적체될 것이다.

메시지 큐를 이용한 비동기 처리

비동기 작업 전용 메시지 큐를 이용하여 수신자가 받아보기 전까지 메시지를 큐에서 대기시키는 방안을 생각해볼 수 있다. 고급 메시지 대기 프로토콜[AMQP, Advanced Messaging Queuing Protocol]은 믿을 수 있고 안전한 방법으로 메시지를 구독, 출판, 큐잉, 라우팅하는 표준이다. 더 자세한 내용은 http://en.wikipedia.org/wiki/Advanced_Message_Queuing_Protocol을 참고하자.

비동기 리소스 메소드를 호출하면, 일단 메시지 큐로 메시지를 보낸 뒤, 다른 메시지나 이벤트 기반 작업을 비동기적으로 처리한다.

커피숍 예제라면, 커피 주문을 접수할 때 RabbitMQ(http://www.rabbitmq.com/)로 메시지를 보내 COMPLETED 이벤트를 발생시키고, 주문이 완료되면 상세 내용은 재고 시스템으로 옮길 수 있다.

HTTP 패치와 부분 업데이트

부분 업데이트 구현은 API 개발자가 자주 접하는 문제로, 리소스 상태의 일부만을 변경하도록 클라이언트가 요청한 경우다. Coffee 리소스를 다음과 같은 JSON 표현형으로 나타낸다고 하자.

```
{
    "id": 1,
    "name": "Mocha"
    "size": "Small",
    "type": "Latte",
    "status":"PROCESSING"
}
```

주문 처리가 끝나면, 상태를 "PROCESSING(처리 중)"에서 "COMPLETED(완료)"로 바꾸어야 할 것이다.

RPC 방식의 API라면 다음과 같이 처리했을 것이다.

```
GET myservice/rpc/coffeeOrder/setOrderStatus?
  completed=true&coffeeId=1234
```

하지만, REST에서는 PUT 메소드로 전체 데이터를 전송해야 하는데, 대역폭이나 메모리 측면에서는 낭비다.

```
PUT /coffee/orders/1234
{
    "id": 1,
    "name": "Mocha"
    "size": "Small",
    "type": "Latte",
    "status": "COMPLETED"
}
```

일부를 고치려고 전체 데이터를 보내는 비효율을 해결하기 위해 나온 솔루션이 바로 패치PATCH다. 패치로 부분 업데이트를 하는 코드를 보자.

```
PATCH /coffee/orders/1234

{
    "status": "COMPLETED"
}
```

그런데 문제는 모든 웹 서버와 클라이언트가 패치를 지원하는 것은 아니라는 사실이다. 따라서 보통은 다음과 같이 POST와 PUT 메소드에 의한 부분 업데이트 방식도 함께 지원한다.

```
POST /coffee/orders/1234

{
    "status": "COMPLETED"
}
```

다음은 PUT 메소드의 부분 업데이트 방식이다.

```
PUT /coffee/orders/1234

{
    "status": "COMPLETED"
}
```

PUT이든 POST든 부분 업데이트는 다 가능하다. 페이스북 API는 POST를 사용하여 리소스를 부분 업데이트한다. CRUD 작업이 많이 일어나는 RESTful 리소스나 메소드를 구현하는 경우엔 PUT으로 부분 업데이트를 하는 것이 좀 더 일관적이다.

JAX-RS에서 패치 메소드를 구현하려면 다음과 같이 어노테이션을 추가하면 된다.

```
@Target({ElementType.METHOD})
  @Retention(RetentionPolicy.RUNTIME)
  @HttpMethod("PATCH")
  public @interface PATCH {
}
```

javax.ws.rs.HTTPMethod의 값을 "PATCH"라는 이름으로 지정했으므로, 이 어노테이션이 생성된 이후로는 JAX-RS 리소스 메소드에 @PATCH 어노테이션을 붙여 쓸 수 있다.

JSON 패치

RFC 6902에 소개된 JSON 패치는 JSON 문서^{document} 작업에 관한 표준이다. JSON 패치는 HTTP 패치와 함께 사용할 수 있으며, JSON 문서에 부분 업데이트를 할 수 있는 유용한 기능을 제공한다. JSON 패치 문서는 미디어 타입을 "application/json-patch+json"으로 하여 구분한다.

JSON 패치를 구성하는 멤버들은 다음과 같다.

- op: JSON 문서에 수행할 작업이다. 'add', 'replace', 'move', 'remove', 'copy', 'test' 중 하나여야 하며, 이외의 값들을 넣으면 에러가 난다.
- path: JSON 문서 내부의 위치를 가리키는 JSON 포인터다.
- value: JSON 문서에서 교체할 값이다.

'move' 작업은 'from'으로 JSON 문서에서 이동시킬 값이 위치한 경로를 표시한다.

HTTP 패치 요청과 함께 전송된 JSON 패치 문서를 보자.

```
PATCH /coffee/orders/1234 HTTP/1.1
Host: api.foo.com
Content-Length: 100
Content-Type: application/json-patch

[
  {"op":"replace", "path": "/status", "value": "COMPLETED"}
]
```

JSON 패치로 coffee/orders/1234 리소스(커피 주문)의 상태를 바꾸려 한다.
"op" 멤버에 명시된 작업은 "replace"이고, JSON 표현형의 status 객체값을
"COMPLETED"로 교체한다.

JSON 패치는 단일 페이지 애플리케이션single-page application, 실시간 협업real-time
collaboration, 오프라인 데이터 변경offline data change 분야에서 유용하게 쓰이는 기술
이고, 덩치가 큰 문서에서 일부분만 업데이트를 해야 하는 애플리케이션에
사용된다. 더 자세한 내용은 http://jsonpatchjs.com을 참고하자(JSON 패치
(RFC 6902) 및 JSON 포인터(RFC 6901)의 구현. MIT 라이선스).

참고 자료

- RESTEasy: http://resteasy.jboss.org/

- Couchbase: http://www.couchbase.com/

- 페이스북 그래프 API 탐색기: https://developers.facebook.com/

- RabbitMQ: https://www.rabbitmq.com/

- JSON 패치 RFC 6902: http://tools.ietf.org/html/rfc6902

- JSON 포인터 RFC 6901: http://tools.ietf.org/html/rfc6901

정리

4장에서는 캐싱의 기본 개념, Cache-Control과 Expires 같은 HTTP 캐싱 헤더의 사용 방법 등 중요한 기반 지식을 배웠다. 헤더의 동작 원리, ETags와 Last-Modified 헤더로 조건부 GET 요청을 하여 성능을 향상시키는 방법 또한 공부했다. 캐싱에 관한 베스트 프랙티스, RESTEasy의 서버 측 캐싱 지원, 페이스북 API의 ETag 사용 실례, 그리고 비동기 API 작성 시 RESTful 리소스와 관련 베스트 프랙티스, HTTP 패치와 JSON 패치에 의한 부분 업데이트(RFC 6902)에 대해서도 설명하였다.

5장에서는 사용량 제한, 응답 페이지네이션, REST 리소스의 국제화 등 RESTful 서비스를 제작하는 모든 개발자들이 알아야 할 패턴 및 관련 베스트 프랙티스를 알아본다. 추가적으로 HATEOAS와 REST, 그리고 이들의 확장성에 대해서도 다룰 것이다.

5

고급 설계 원칙

5장에서는 RESTful 서비스를 설계하는 모든 개발자들이 필수적으로 알고 있어야 할 고급 설계 원칙을 다룬다. REST API로 복잡한 애플리케이션을 제작하는 개발자에게 충분히 도움이 될 만한 내용들을 실용적인 관점에서 살펴볼 것이다.

이 장에서는 다음 주제를 다룬다.

- 사용량 제한 패턴

- 응답 페이지네이션

- 국제화와 지역화

- REST의 이식성과 확장성

- 그 밖의 REST API 개발자를 위한 내용

이 상에서 인용한 코드 조각늘은 일부만을 발췌한 것이므로 예제 코드 번들을 내려받아 전체 소스 코드를 꼭 확인하기 바란다.

나는 지금까지 그래왔듯이, 독자 여러분이 본질적으로 복잡한 주제들에 대해

큰 그림을 그리면서 이해할 수 있도록 상세한 내용은 가급적 줄이되, 실무에 곧바로 쉽게 응용할 수 있을 정도의 기술적인 내용은 깊이 있게 다룰 것이다.

사용량 제한 패턴

사용량 제한$^{rate\ limiting}$이란 클라이언트의 요청 개수를 제한하는 것을 말한다. '3장, 보안과 추적성'에서 이미 살펴보았던 것처럼 각 클라이언트는 요청 시 사용하는 액세스 토큰으로 식별할 수 있고 IP 주소로도 구분할 수 있다.

API는 서버에 과도한 부하가 걸리는 것을 막기 위해 조절 장치^{throttling}, 즉 사용량 제한 기법을 적용해야 한다. 제한된 사용량을 초과한 클라이언트의 요청은 애플리케이션에서 더 이상 받지 않는 것이다.

통상 클라이언트당 최대 사용량(예: 1시간에 요청 500개)이 어느 정도가 될지 결정하여 서버에 세팅한다. 클라이언트가 API를 호출하기 위해 서버에 요청을 보내면 서버는 이 클라이언트의 누적 요청 개수가 제한 사용량을 초과한 상태인지 체크한다. 아직 초과하지 않았다면 요청은 통과하고 사용량은 1만큼 증가하겠지만, 이미 초과한 상태라면 서버는 곧바로 429 에러를 던지게 된다.

모든 애플리케이션 요청은 액세스 토큰을 가진 조절 장치와 그렇지 않은 조절 장치, 둘 중 하나를 거치게 되며, 애플리케이션 요청 할당량^{quota}은 두 가지 경우 각각 다르게 설정된다.

그런데 HTTP 429 Too Many Requests 에러 코드의 정확한 의미는 무엇일까?

429 Too Many Request(RFC 6585)

유저가 단위 시간당 너무 많은 요청을 보냈다. 이 에러 코드는 사용량 제한을 목적으로
사용한다.

서버는 Retry-After 헤더를 이용하여 클라이언트가 다음에 다시 요청을 하기
까지 얼마나 대기해야 할지 알려줄 수 있다. 다음 코드를 보자.

```
HTTP/1.1 429 Too Many Requests
Content-Type: text/html
Retry-After: 3600
<html>
 <head>
   <title>Too Many Requests</title>
 </head>
 <body>
   <h1>Too many Requests</h1>
   <p>100 requests per hour to this Web site per
       logged in use allowed.</p>
 </body>
 </html>
```

Retry-After 헤더값을 3600초로 세팅하여 1시간 후에 클라이언트가 재시도
하라고 알린다. 여기에 X-RateLimit-Remaining 헤더를 더하여 최대 한도까지
남은 요청 개수를 나타낼 수 있다.

사용량 제한의 개념과, 사용량 초과 에러 및 Retry-After, X-RateLimit-
Remaining 헤더가 뜻하는 바를 어느 정도 알았으니 이제 JAX-RS 코드를 작
성해보자.

'프로젝트' 절에서는 간단한 JAX-RS 사용량 제한 필터를 구현해볼 것이다.

프로젝트 레이아웃

프로젝트 디렉토리는 다음 표에서 간략히 설명한 메이븐 구조를 따른다. 빌드 결과물인 WAR 파일은 자바 EE7 호환 애플리케이션 서버(예: GlassFish 4.0)에 배포 가능하다.

특정 커피 주문을 질의할 수 있는 서비스를 작성해보자.

소스 코드	설명
src/main/java	커피숍 애플리케이션 전체 소스 파일이 위치한 디렉토리

CoffeesResource 클래스는 기본적인 JAX-RS 리소스 형태를 갖고 있다.

```
@Path("v1/coffees")
public class CoffeesResource {
    @GET
    @Path("{order}")
    @Produces(MediaType.APPLICATION_XML)
    @NotNull(message="Coffee does not exist for the order id
      requested")
    public Coffee getCoffee(@PathParam("order") int order) {
        return CoffeeService.getCoffee(order);
    }
}
```

getCoffee 메소드는 주문 데이터에 해당하는 Coffee 객체를 리턴한다.

RateLimiter 클래스를 추가하여 사용량 제한을 적용해보자. 다음 그림에 표시된 것처럼 단순 서블릿 클래스다.

RateLimiter는 클라이언트 IP 주소를 체크하여 이 클라이언트의 누적 요청 개수가 한계치에 도달했는지 확인한다. 다음 그림은 사용량 제한의 처리 과정을 나타낸 것이다.

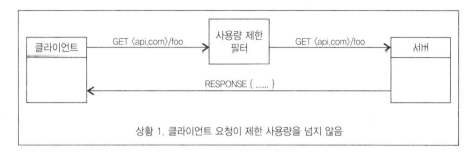

상황 1. 클라이언트 요청이 제한 사용량을 넘지 않음

클라이언트는 `GET http://api.com/foo` 요청을 한다. 사용량 제한 필터[Rate Limit Filter]는 IP 주소로 이 클라이언트의 접근 횟수를 체크한다. 제한 사용량을 넘지 않았다면 요청은 바로 서버에 전달되고, 서버는 처리 후 결과를 JSON이나 XML, 텍스트 등으로 리턴한다.

제한 사용량을 이미 초과한 상태라면 다음 그림과 같이 요청은 서버로 전달되지 않고, 사용량 제한 필터가 도중에 `429 Too Many Requests` 에러 코드를 리턴한다.

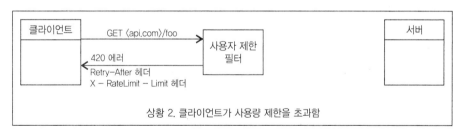

상황 2. 클라이언트가 사용량 제한을 초과함

상세 코드 보기

사용량 제한 필터를 작성하려면 먼저 Filter 인터페이스를 구현해야 한다.

```java
@WebFilter(filterName = "RateLimiter",
        urlPatterns = {"/*"}
        )
public class RateLimiter implements Filter {
    private static final int REQ_LIMIT = 3;
    private static final int TIME_LIMIT = 600000;
    private static AccessCounter accessCounter =
      AccessCounter.getInstance();
}
```

RateLimiter는 javax.servlet.annotation.WebFilter 인터페이스를 구현했고, @WebFilter 어노테이션으로 이 클래스가 필터임을 알 수 있다.

@WebFilter의 속성값으로 urlPatterns 또는 value 둘 중에 하나는 반드시 지정해야 한다.

REQ_LIMIT 상수는 일정 시간 내에 가능한 요청 개수, TIME_LIMIT 상수는 사용량 제한에 걸렸을 때 다시 요청하기까지 기다려야 하는 시간을 각각 의미한다.

예제 코드에서는 의도적으로 상수값을 작게 잡았지만, 실제 운영 환경에서는 분당 60개, 또는 하루 1,000개 정도로 잡는 것이 보통이다. 요청 개수가 한계치에 도달하면 클라이언트가 다음 요청까지 대기해야 할 시간을 Retry-After 헤더로 알려준다.

AccessCounter는 클라이언트당 요청 개수를 기록하는 기록계 클래스이며, @Singleton 어노테이션이 표기된 싱글톤^{Singleton} 클래스다. 이 클래스는 IP 주소를 비롯한 클라이언트 정보에 해당하는 AccessData를 키-값 형태로 저장한 ConcurrentHashMap 객체를 가진다. 다음 소스 코드를 보자.

```
@Singleton
public class AccessCounter {
    private static AccessCounter accessCounter;
    private static ConcurrentHashMap<String,AccessData> accessDetails
        = new ConcurrentHashMap<String, AccessData>();
}
```

AccessData는 클라이언트에 관한 갖가지 내용, 가령 요청 개수나 마지막으로 요청한 시점 등의 정보를 담고있는 POJO다.

```
public class AccessData {
    private long lastUpdated;
    private AtomicInteger count;

    public long getLastUpdated() {
        return lastUpdated;
    }

    public void setLastUpdated(long lastUpdated) {
        this.lastUpdated = lastUpdated;
    }

    public AtomicInteger getCount() {
        return count;
    }

    public void setCount(AtomicInteger count) {
        this.count = count;
    }

    ...
```

요청이 새로 도착하면 count는 1만큼 증가하고, lastUpdated는 현재 시간이 세팅될 것이다.

RateLimiter 내부의 doFilter() 메소드는 다음과 같이 구현된다.

```
@Override
    public void doFilter(ServletRequest servletRequest,
        ServletResponse servletResponse,
        FilterChain filterChain) throws
        IOException, ServletException {
          HttpServletRequest httpServletRequest =
            (HttpServletRequest) servletRequest;
          HttpServletResponse httpServletResponse =
            (HttpServletResponse) servletResponse;
          String ipAddress = getIpAddress(httpServletRequest);
          if (accessCounter.contains(ipAddress)) {
            if (!requestLimitExceeded(ipAddress)) {
                accessCounter.increment(ipAddress);
                accessCounter.getAccessDetails(ipAddress
                  ).setLastUpdated(System.currentTimeMillis());
            } else {
                httpServletResponse.addIntHeader("Retry-After",TIME_
                  LIMIT);
                httpServletResponse.sendError(429);
            }
        } else {
            accessCounter.add(ipAddress);
        }
        filterChain.doFilter(servletRequest, servletResponse)
    }
```

재정의된 javax.servlet.Filter.doFilter 메소드가 가장 먼저 하는 일은 클라이언트의 IP 주소를 가져오는 것이다.

이 IP 주소가 accessCounter 객체에 포함되어 있다면, requestLimit Exceeded() 메소드에서 이 클라이언트가 사용량 제한을 넘어섰는지 조사한다.

한도를 초과했다면 httpServletResponse 객체에 429 Too Many Requests 에러 코드와 함께 Retry-After 헤더를 실어보낸다. 이 클라이언트가 얼마 후 다시 요청을 했을 때 TIME_LIMIT보다 시간이 더 경과한 상태이면 counter는 0으로 초기화되고 정상적으로 처리한다.

다음은 사용량 제한 전용 헤더로, 응답 열차에 태워 클라이언트에게 보내진다.

- X-RateLimit-Limit: 일정 기간 동안 클라이언트가 할 수 있는 최대 요청 개수

- X-RateLimit-Remaining: 현재 사용량 제한 세션에 남아 있는 요청 개수

예제 코드를 서버에 배포하여 실습해보자. 클라이언트는 커피 주문 데이터를 여러 번 요청할 수 있다.

우리는 사용량 제한을 3개, 시간 제한은 10분으로 설정했었다. 다음은 curl 로 요청하는 예시다.

```
curl -i http://localhost:8080/ratelimiting/v1/coffees/1
HTTP/1.1 200 OK
X-Powered-By: Servlet/3.1 JSP/2.3 (GlassFish Server Open Source
Edition
4.0 Java/Oracle Corporation/1.7)
Server: GlassFish Server Open Source Edition 4.0
Content-Type: application/json
Date: Mon, 23 Jun 2014 23:27:34 GMT
```

```
Content-Length: 57

{
  "name":"Mocha",
  "order":1,
  "size":"Small",
  "type":"Brewed"
}
```

사용량 한도를 초과한 이후엔 429 에러가 난다.

```
curl -i http://localhost:8080/ratelimiting/v1/coffees/1
HTTP/1.1 429 CUSTOM
X-Powered-By: Servlet/3.1 JSP/2.3 (GlassFish Server Open Source
Edition
4.0 Java/Oracle Corporation/1.7)
Server: GlassFish Server Open Source Edition 4.0
Retry-After: 600000
Content-Language:
Content-Type: text/html
Date: Mon, 23 Jun 2014 23:29:04 GMT
Content-Length: 1098
```

 지금까지 사용량 제한 필터를 만들기 위해 커스텀 필터를 작성했는데, 리포즈(Repose)
라는 오픈 소스를 활용하는 방법도 있다. 리포즈는 사용량 제한, 클라이언트 인증, 버저
닝 등의 기능을 갖춘 HTTP 프록시 서비스로 확장성이 좋은 구현체다. 더 자세한 내용은
http://openrepose.org/를 참고하자.

사용량 한도를 초과하지 않기 위한 베스트 프랙티스

REST API를 사용하는 클라이언트 입장에서 사용량 한도를 초과하지 않으려면 어떻게 하는 것이 최선일까?

캐싱

API 응답을 서버 측에 캐시해두면 사용량 제한을 피하는 데 큰 도움이 된다. 만료 주기를 적절히 세팅하면 DB를 쿼리의 늪에 빠져 허덕이지 않게 하면서도, 자주 변경이 발생하지 않는 리소스라면 캐시에서 바로 응답을 리턴하기 때문에 전반적으로 성능이 개선된다. 일례로, 트위터 애플리케이션은 트위터 API의 응답을 캐시하거나 트위터 스트리밍 API(다음 절에서 다룬다)를 통해 트윗을 가져와 화면에 뿌려준다. 동일한 API 호출은 1분에 2회 이상 안 하는 것이 바람직하다. 똑같은 결과를 자꾸만 리턴하는 행위 자체가 그만큼 대역폭을 낭비하기 때문이다.

반복적인 호출을 피하라

루프 문의 형태로 API를 계속하여 반복 호출하는 것은 좋지 않다. 그래서 서버 API는 최대한 상세하게, 가능한 한 필요한 모든 내용을 담아 응답 객체로 반환하도록 설계해야 한다. 그래야 클라이언트가 원하는 응답을 얻으려고 반복적인 호출문을 실행하면서 일일이 각 객체를 뒤질 필요가 없을 것이다.

요청을 로깅하라

클라이언트가 발생시킨 요청 개수는 클라이언트 측에 로깅하는 것이 좋은 방법이다. 로그를 모니터링하면 꼭 필요한 요청과 하지 않아도 될 중복된 요청을 분별하는 데 도움이 된다.

폴링을 피하라

리소스 변경 사항을 폴링하지 않아야 한다. 폴링을 하지 않고도 웹훅(http://en.wikipedia.org/wiki/Webhook)이나 푸시 알림(http://en.wikipedia.org/wiki/Push_technology) 등으로 클라이언트 측에서 변경 사항을 인지할 수 있다. 웹훅에 대해서는 '6장, 최신 표준과 REST의 미래'에서 재차 설명한다.

스트리밍 API 지원

스트리밍 API를 지원하는 것도 도움이 된다. 트위터가 스트리밍 API 세트를 제공함으로써 개발자들은 빠른 속도로 전 세계 트윗 데이터의 스트림을 접근할 수 있다. 스트리밍이 가능하다면 클라이언트는 REST 종단점을 폴링하느라 오버헤드를 겪지 않아도 된다. 또 트윗을 비롯한 이벤트 발생 시 메시지를 전달받을 수 있다.

일단 애플리케이션이 스트리밍 종단점과 접속된 이후부터는 폴링이나 REST API 사용량 제한을 신경 쓰지 않아도 트윗 뭉치를 배달받을 수 있는 것이다.

 REST API 사용량 제한 관련 트위터 사례 연구

트위터에서 비인증 클라이언트는 시간 당 150개로 요청 개수가 제한된다.

OAuth 호출은 액세스 토큰 기준으로 시간 당 350개까지 허용된다.

애플리케이션 요청이 Search API의 사용량 한도를 초과하면 HTTP 420 응답 코드를 리턴한다. 어떤 상황에서 사용량이 초과되었는지 면밀히 살펴보고 일단 초과한 이후에는 Retry-After 헤더를 잘 살펴보자. 이 헤더값은 클라이언트가 다음에 다시 요청하기 전까지 기다려야 하는 시간을 초단위로 표시한다. 클라이언트가 시간당 허용된 개수를 초과하여 요청을 계속하면 420 Enhance Your Calm 에러를 받게 된다.

420 Enhance Your Calm (트위터)

클라이언트가 사용량 제한에 걸렸을 때 트위터 Search and Trends API가 리턴하는 비표준 HTTP 응답 코드다. 표준에 따르자면 429 Too Many Requests 응답 코드를 리턴하는 것이 맞다.

응답 페이지네이션

웹, 모바일 등 다양한 REST API의 클라이언트에게 대량 데이터를 전송할 경우 적당히 페이지별로 끊어서 전송할 필요가 있다. 이를 응답 페이지네이션이라고 하며, 전체 데이터 건수, 페이지 개수, 다음 페이지로의 링크 등의 메타 정보를 추가로 리턴한다. 따라서 수신하는 쪽에서는 결과 페이지 인덱스와 페이지당 데이터 건수를 알 수 있다.

페이지당 건수는 클라이언트가 지정하지 않아도 기본 값을 정하여 구현하고 문서화하는 것이 좋다. 예를 들자면, 깃허브 REST API의 경우 페이지당 건수는 기본 30건, 최대 100건이며, API를 통한 클라이언트의 질의 횟수에 제한이 있다. API에 기본 페이지당 건수가 정의되어 있으면 쿼리 문자열은 단지 페이지 인덱스만 가리키면 된다.

페이지네이션 유형

페이지네이션은 구현 방법에 따라 몇 가지 유형이 있는데, 유스 케이스에 맞게 API 개발자가 적합한 것을 선택하여 사용하면 된다.

*   오프셋^{Offset-based} 페이지네이션

- 기간^{Time-based} 페이지네이션
- 커서^{Cursor-based} 페이지네이션

오프셋 페이지네이션

페이지 번호와 페이지당 건수를 정확히 지정하여 조회할 때 사용한다. 예컨 대, 대출 도서 전체 목록, 또는 주문한 커피 전체 목록을 조회할 때 다음과 같 이 쿼리 파라미터를 덧붙인다.

```
GET v1/coffees/orders?page=1&limit=50
```

쿼리 파라미터는 다음 표를 참고하자.

쿼리 파라미터	설명
page	조회할 페이지 번호
limit	페이지당 조회 가능한 최대 건수

기간 페이지네이션

특정한 기간에만 해당하는 결과를 조회하고자 할 때 사용한다. 특정 기간에 주문한 커피 목록이라면 다음과 같이 질의할 수 있다.

```
GET v1/coffees/orders?since=140358321&until=143087472
```

쿼리 파라미터는 다음 표를 참고하자.

쿼리 파라미터	설명
until	종료 시점(유닉스 타임스탬프로 표시)
since	시작 시점(유닉스 타임스탬프로 표시)
limit	페이지당 조회할 수 있는 최대 건수

커서 페이지네이션

결과 덩어리를 커서의 의해 페이지 단위로 쪼개어 리턴한 후, 응답 객체에 포함된 다음forward 커서, 이전backward 커서를 사용하여 결과 데이터를 전후로 탐색할 때 사용하는 방법이다.

이렇게 하면 각 페이지네이션 호출 도중에 리소스가 추가되더라도 중복된 데이터가 리턴되는 것을 방지할 수 있다. 몇 번을 호출하더라도 파라미터로 지정된 커서가 어디서부터 결과를 찾으면 될 지 정확한 위치를 가리키는 포인터이기 때문이다.

트위터와 커시 페이지네이션

트위터에서 활용 중인 커서 페이지네이션의 실사례를 보자. 다음은 수많은 팔로워를 거느린 유저 ID 목록을 페이지네이션하여 조회한 결과다.

```
{
    "ids": [
        385752029,
        602890434,
        ...
        333181469,
        333165023
    ],
```

```
"next_cursor": 1374004777531007833,

"next_cursor_str": "1374004777531007833",

"previous_cursor": 0,

"previous_cursor_str": "0"
}
```

다음 결과 셋을 가져오려면 next_cursor값을 쿼리 파라미터로 전달한다.

```
GET https://api.twitter.com/1.1/followers/ids.json?
screen_name=someone&cursor=1374004777531007833
```

next_cursor와 previous_cursor로 결과 데이터 사이를 이리저리 쉽게 오갈 수 있다.

세 가지 페이지네이션 기법을 프로젝트 코드를 보며 좀 더 자세히 살펴보자. 여기서는 JAX-RS로 오프셋 페이지네이션을 간단히 구현해보겠다.

프로젝트 레이아웃

CoffeeResource 클래스를 먼저 보자.

```
@Path("v1/coffees")
public class CoffeesResource {

    @GET
    @Path("orders")
    @Produces(MediaType.APPLICATION_JSON)
    public List<Coffee> getCoffeeList(
        @QueryParam("page") @DefaultValue("1") int page,
        @QueryParam("limit") @
        DefaultValue("10") int limit ) {
          return CoffeeService.getCoffeeList( page, limit);
```

```
        }
    }
```

getCoffeeList() 메소드에 page(페이지 인덱스)와 limit(페이지당 건수), 2개의 QueryParam이 있다. @DefaultValue로는 쿼리 파라미터가 존재하지 않을 경우 기본값을 지정한다.

코드를 실행하면 다음과 같은 JSONArray 결과를 얻게 된다. metadata 하위에 totalCount(데이터 총 건수), links 하위에는 self(현재 페이지), next(다음 데이터셋을 조회할 링크) 엘리먼트가 있다.

```
{
    "metadata": {
        "resultsPerPage": 10,
        "totalCount": 100,
        "links": [
            {
                "self": "/orders?page=1&limit=10"
            },
            {
                "next": "/orders?page=2&limit=10"
            }
        ]
    },
    "coffees": [
        {
            "Id": 10,
            "Name": "Expresso",
            "Price": 2.77,
            "Type": "Hot",
            "Size": "Large"
```

```
        },
        {
            "Id": 11,
            "Name": "Cappuchino",
            "Price": 0.14,
            "Type": "Brewed",
            "Size": "Large"
        },
......
        ......
    ]
}
```

 REST API에서 페이지당 결과 건수는 기본값을 정해두는 편이 좋다. 그리고 API 사용자가 다음 결과 데이터셋을 쉽게 조회할 수 있도록 응답 객체에 메타 정보를 추가하자.

국제화와 지역화

글로벌 무대로 서비스를 확장하게 되면 국가와 로케일에 따라 응답을 달리해야 한다. 지역화 파라미터는 다음 세 필드 중 한 곳에 지정한다.

- HTTP 헤더
- 쿼리 파라미터
- REST 응답 내용

언어 협상^{language negotiation}은 콘텐츠 협상과 비슷하다. Accept-Language 헤더는 ISO-3166 표준 국가 코드(http://www.iso.org/iso/country_codes.htm, 영

문 알파벳 두 글자로 각국을 표기)로 언어 코드를, Content-Type 헤더와 유사한 Content-Language 헤더는 응답 언어를 나타낸다.

Content-Language 헤더가 포함된 응답의 예시를 보자.

```
HTTP/1.1 200 OK
X-Powered-By: Servlet/3.1 JSP/2.3 (GlassFish Server Open Source
    Edition 4.0 Java/Oracle Corporation/1.7)
Server: GlassFish Server Open Source Edition 4.0
Content-Language: en
Content-Type: text/html
Date: Mon, 23 Jun 2014 23:29:04 GMT
Content-Length: 1098
```

Content-Language가 en(영어)으로 세팅되었다.

JAX-RS에서는 javax.ws.rs.core.Variant 클래스와 Request 객체를 사용하여 런타임 콘텐츠 협상을 할 수 있다. 여기서 Variant는 미디어 타입, 언어, 인코딩 중 하나가 될 수 있고, Variant.VariantListBuilder 클래스는 각기 상이한 표현형의 목록을 빌드한다.

다음은 여러 리소스 표현형 목록을 생성하는 코드다. VariantListBuilder의 build() 메소드를 호출하여 "en(영어)", "fr(불어)" 두 가지 언어에 대해 빌드한다.

```
List<Variant> variantList =
    Variant.
        .languages("en", "fr").build();
```

쿼리 파라미터로 특정한 로케일을 지정하여 이에 따라 서버가 응답하도록 강제할 수 있다. 예를 들면 다음과 같은 식이다.

```
GET v1/books?locale=fr
```

도서 데이터 조회 쿼리에 로케일을 fr로 지정했다. 요청 시 전달한 쿼리 파라미터나 HTTP 헤더에 따라 REST 응답 내용에는 통화 코드 같은 국가 특정 정보나 그 밖의 관련 정보가 담겨 있을 수 있다.

기타

HATEOAS

HATEOAS는 REST 애플리케이션 아키텍처의 제약 조건^{constraint}이다.

하이퍼미디어 주도^{hypermedia-driven} API는 사용 가능한 API 관련 정보와 함께 사용자가 실행할 수 있는 기능에 관한 정보를 응답 객체에 링크 하이퍼미디어 링크 형태로 리턴하여 알려준다.

예컨대 도서명, ISBN 같은 정보를 담고 있는 REST 리소스가 있다고 하자. '도서' 한 권의 데이터는 다음과 같은 표현형으로 나타낼 수 있을 것이다.

```
{
    "Name":" Developing RESTful Services with JAX-RS 2.0,
            WebSockets, and JSON",
    "ISBN": "1782178120"
}
```

이것을 HATEOAS 방식으로 나타내면 이렇다.

```
{
    "Name":" Developing RESTful Services with JAX-RS 2.0,
            WebSockets, and JSON",
    "ISBN": "1782178120"
    "links": [
```

```
   {
    "rel": "self",
    "href": "http://packt.com/books/123456789"
   }
  ]
}
```

`links` 엘리먼트는 `rel`과 `href` 속성으로 구성된 JSON 객체의 배열이다.

`rel`은 자기 자신을 참조하는^{self-referencing} 하이퍼링크다. 복잡한 시스템에서는 다른 관계를 나타내기도 한다. 이를테면 도서 주문이라면 `"rel":"customer"` 형태로 주문과 고객 간 관계를 나타낼 수 있다. `href`는 리소스를 유일하게 식별하는 URL이다.

클라이언트 개발자가 프로토콜을 추적하고 분석해볼 수 있다는 사실이 HATEOAS의 강점이다. 제공된 링크를 보고 다음 과정을 추정할 수 있기 때문이다. 아직 하이퍼미디어 제어에 대한 표준은 없지만, ATOM RFC (4287) 문서에 따른 권고안은 마련되어 있다.

 리차드슨 성숙도 모델에서 HATEOAS는 최상위 레벨을 차지한다. 즉, 모든 링크는 표준 REST 메소드인 GET, POST, PUT, DELETE를 구현한다고 전제한다. 앞서 살펴본 예제 코드처럼 links를 추가하면 클라이언트는 서비스를 찾아갈 수 있고 다음 처리 절차를 파악할 수 있다.

페이팔 REST API와 HATEOAS

HATEOAS를 지원하는 페이팔 REST API는 API 사용자가 다음 행위를 결정할 수 있게 링크 뭉치를 응답 객체에 함께 넣어준다.

다음은 페이팔 REST API 호출 결과 리턴된 샘플 JSON 응답이다.

```json
{
    "href": "https://www.sandbox.paypal.com/webscr?cmd
      =_express-checkout&token=EC-60U79048BN7719609",
    "rel": "approval_url",
    "method": "REDIRECT"
  },
  {
    "href": "https://api.sandbox.paypal.com/v1/payments/
      payment/PAY-6RV70583SB702805EKEYSZ6Y/execute",
    "rel": "execute",
    "method": "POST"
  }
}
```

각 속성의 의미를 대략 살펴보자.

- href: 차후 REST API 호출 시 사용될 URL

- rel: 이전에 호출된 REST API와의 관계

- method: REST API 호출 시 사용할 메소드

 더 자세한 내용은 https://developer.paypal.com/docs/integration/direct/paypal-rest-payment-hateoas-links/를 참고하자.

REST와 확장성

RESTful 애플리케이션은 시간이 지날수록 확장성과 유지 보수성 측면에서
유리하다. 설계 스타일이 단순하기에 이해하기 쉽고 개발도 용이한 편이며,
뭐든지 리소스 중심이기 때문에 좀 더 예측하기가 쉬운^{predictable} 특성이 있다.

클라이언트 측에서 서비스를 이해하기 위해 복잡한 WSDL 문서를 파싱해야 했던 XML-RPC 애플리케이션과 비교해도 작업하기가 훨씬 수월하다.

REST API 관련 기타 사항

RESTful 서비스 설계, 에러 처리, 검증, 인증, 캐싱, 사용량 제한을 살펴보았으니, 끝으로 REST 개발자들에게 꼭 필요한, 테스팅[testing]과 문서화[documentation]에 대해 알아보자.

RESTful 서비스 테스팅

서버가 리턴한 응답을 테스트하는 작업을 자동화할 수만 있다면 아주 효율적일 것이다. 이러한 테스팅 자동화 프레임워크 중에 REST 어슈어드[Assured]라는 툴이 있다.

REST 어슈어드는 RESTful 서비스 테스팅을 아주 쉽게 해주는 자바 DSL[1]로서, GET, PUT, POST, HEAD, OPTIONS, PATCH 메소드를 지원하며, 서버가 보낸 응답을 검증 및 확인할[2] 수 있다.

다음은 커피 주문을 조회하여 리턴된 ID를 확인하는 과정의 예다.

```
get("order").
then().assertThat().
body("coffee.id",equalTo(5));
```

---

1 DSL(Domain-Specific Languages)은 특정한 애플리케이션 도메인에서 사용하기 위한 프로그래밍 언어다. HTML, SQL, UNIX Shell Script가 대표적인 예다. 이에 대비되는 개념으로 GPL(General-Purpose Language)이 있다. — 옮긴이

2 이 책의 주제와 거리는 있지만 품질 관리 분야에서 엄격히 구분하는 검증(validation)과 확인(vertification)의 차이에 대해서 참고하기 바란다: 검증은 '올바른 제품을 만들고 있는가?'에 관한 것으로, 고객의 니즈나 구현되어야 할 요건이 제대로 반영되어 있는지 검사하는 과정이다. 확인은 '제품을 올바르게 만들고 있는가?'에 관한 것으로, 설계서에 맞게 개발이 충실히 진행되고 있는지 검사하는 과정이다. 검증 결과가 100%이더라도 확인이 100% 미만일 수 있고, 그 반대의 경우도 성립할 수 있다. 간단히 V&V라고 줄여 부르기도 한다. — 옮긴이

커피 주문 조회 서비스 호출 결과 리턴된 `coffee.id`값이 5인지 여부를 확인하는 것이다.

REST 어슈어드로 파라미터, 헤더, 쿠키, 본문 내용 등을 쉽게 지정하고 검증할 수 있다. 자바 객체와 JSON, XML 간의 매핑 기능도 가능하다. 더 자세한 내용은 https://code.google.com/p/rest-assured/를 참고하자.

RESTful 서비스 문서화

API를 쓸 사람이 같은 회사 내부 직원이든, 외부 애플리케이션이든, 모바일 고객이든 간에 문서화를 잘 해두는 것이 좋다.

스웨거^{Swagger}는 RESTful 서비스 문서화 도구로서, 웹 서비스를 기술, 제작, 사용, 시각화하기 위해 구현된 프레임워크다. 메소드, 파라미터, 모델의 문서화는 서버 측 코드로 통합되며, 사용 언어와 상관없이 스칼라^{Scala}, 자바, HTML5 등에서도 쓸 수 있다. 튜토리얼을 읽어보고 여러분의 REST API에 스웨거를 써보기 바란다(https://github.com/wordnik/swagger-core/wiki/Adding-Swagger-to-your-API).

참고 자료

- https://dev.twitter.com/docs: 트위터 API 문서

- https://dev.twitter.com/console: 트위터 개발자 콘솔

- https://dev.twitter.com/docs/rate-limiting/1.1: 트위터 API v1.1의 사용량 제한

- https://dev.twitter.com/docs/misc/cursoring: 트위터 API와 커서

- https://dev.twitter.com/docs/api/streaming: 트위터 스트리밍 APIs
- https://developers.facebook.com/docs/reference/ads-api/apirate-limiting/: 페이스북 API 사용량 제한
- https://developer.github.com/v3/rate_limit/: 깃허브 API 사용량 제한
- https://developers.facebook.com/docs/opengraph/guides/internationalization/: 페이스북 지역화

정리

5장에서는 모든 RESTful API 개발자들이 꼭 알고 있어야 할 고급 주제들을 다루었다. 시작부에 사용량 제한 샘플 코드를 같이 보면서, 과도한 API 호출로 인한 서버 부하를 막기 위해서 어떻게 조절 장치를 가동하는지, 또 실제로 트위터, 깃허브, 페이스북 API에서 사용량 제한을 하는 사례를 알아보았다. 세 가지 페이지네이션 기법과 기본적인 예제 코드 및 베스트 프랙티스를 설명하였다. 그리고 국제화 및 그 밖의 자잘한 주제들을 공부하였고, 마지막으로 HATEOAS란 무엇인지, 왜 HATEOAS가 가장 진보된 형태의 REST API 모델인지, 그리고 확장성 관련 내용을 학습했다.

6장에서는 웹소켓, 웹훅 등 최근에 등장한 기술들과 끊임없이 진화하는 미래의 웹 표준에서 REST가 차지하는 역할을 살펴본다.

6
최신 표준과
REST의 미래

6장에서는 최신 기술, 지금도 끊임없이 발전하고 있는 기술들을 살펴본다. RESTful 서비스를 기능적으로 한 차원 업그레이드할 최근 기술은 어떤 것들이 있는지 둘러보고, REST 기술은 앞으로 어떻게 발전할지 전망하고자 한다. 몇몇 실시간$^{real-time}$ API들을 살펴보고 이들이 폴링 같은 예전 기술에 비해서 어떻게 진보했는지 설명한다. 우리 일상의 일부나 마찬가지가 되어버린 트위터, 페이스북, 스트라이프 같은 인기 플랫폼들이 인식 자체를 전환해서, 이벤트 발생 시 클라이언트 측에 즉각 정보를 응답하는 실시간 API를 제공하는 것이 이제는 그리 놀라운 일이 아니다.

이 장에서는 다음 주제를 다룬다.

- 실시간 API
- 폴링
- 웹훅
- 웹소켓
- 기타 실시간 지원 API

- ◦ PubSubHubbub
- ◦ SSE
- ◦ XMPP
- ◦ BOSH 오버 XMPP

- 웹훅과 웹소켓의 실사례 연구

- 웹훅과 웹소켓 비교

- REST와 마이크로 서비스

먼저 실시간 API란 무엇인지 정의하고 폴링으로 넘어가 폴링의 단점을 이야기할 것이다. 그 다음 비동기 실시간 통신에 흔히 사용되는 상이한 모델을 언급하고, 마지막으로 실용적인 관점에서 웹훅과 웹소켓을 아주 자세히 설명한다.

실시간 API

실시간 API는 API를 사용하는 곳에서 원하는 이벤트가 발생한 시점에 이를 캐치할 수 있게 해준다. 누군가 자신의 페이스북 계정에 링크를 게시하거나, 여러분이 팔로우하는 트위터 유명 인사가 트윗하는 것이 모두 실시간 업데이트의 예다.

폴링

폴링은 이벤트/업데이트 스트림을 만들어내는 데이터 소스로부터 데이터를 수집할 때 쓰는 전형적인 기법이다. 클라이언트가 일정한 주기로 계속 요청을 보내고 서버는 데이터가 준비되면 응답을 리턴한다. 당연히 보낼 데이터가 없으면 빈 응답이 리턴될 것이다. 다음 그림은 연속적인 폴링의 작동 원리를 나타낸 것이다.

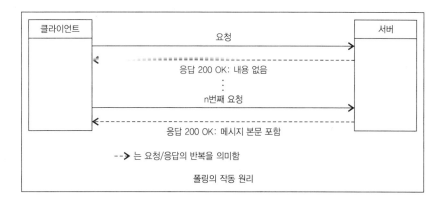

폴링의 작동 원리

폴링은 여러 가지 면에서 단점을 갖고 있는데, 그 중 하나는 서버 측에 업데이트가 없을 때에도 클라이언트의 요청에 빈 응답을 넘겨줘야 하는 점이다. 따라서 그만큼 대역폭과 처리 시간이 낭비될 수밖에 없다. 그렇다고 요청 주기를 길게 하면 업데이트가 발생한 시점과 클라이언트가 인지하는 시점과 괴리가 생기게 될 것이고, 반대로 주기를 너무 짧게 하면 서버 측 사용량 한도를 초과하거나 리소스 낭비가 극에 달할 것이다.

이런 폴링의 문제점을 해결하기 위한 방안으로 두 가지 대안을 생각할 수 있다.

- 푸시 모델: PubSubHubbub
- 스트리밍 모델

푸시 모델: PubSubHubbub

푸시^{push}는 ATOM/RSS에 기반한, 발행^{publish}/구독^{subscribe} 프로토콜을 기초로 한 모델이다. 푸시 모델의 목표는 ATOM 피드를 실시간 데이터로 전환하는 동시에 이 피드의 사용자에게 영향을 미치는 폴링을 쓰지 않는 것이다. 구독자가 특정 주제에 대한 관심사가 무엇인지 등록해두면, 여기에 해당하는 발행자가 새로운 콘텐츠를 게시할 때마다 구독자들에게 통보한다.

발행과 콘텐츠 배포 작업을 분산시키기 위해 **허브**[Hub]를 두고 콘텐츠를 구독자에게 대신 전송시키는 방식이 PubSubHubbub 모델이다. 다음 그림을 보자.

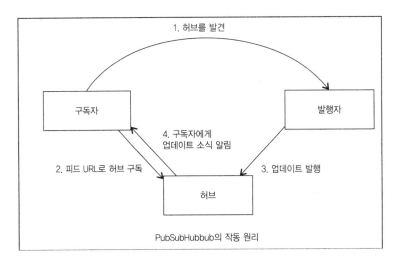

PubSubHubbub의 작동 원리

단계별 작동 원리를 살펴보자.

1. **구독자**는 **발행자**로부터 피드를 가져오면서 **허브**를 발견한다.

2. **허브**가 발견되면 **구독자**는 원하는 내용을 피드 URI로 **허브**에서 구독한다.

3. **발행자**가 새 콘텐츠를 업데이트하면 **허브**가 대신 가져간다.

4. **허브**는 모든 구독자들에게 업데이트를 알린다.

PubSubHubbub 모델의 장점은 발행자가 직접 모든 구독자에게 일일이 업데이트 사실을 알리지 않아도 되는 것이다. 구독자 입장에서도 발행자를 상대로 무한정 폴링하지 않아도 되고, 업데이트가 발생할 때마다 발행자가 아닌 허브를 통해 데이터를 가져갈 수 있는 것도 장점이다.

곧 살펴볼 **웹훅**도 개념적으로는 이 프로토콜을 사용한다.

스트리밍 모델

스트리밍은 비동기 통신에서 채널을 열어두고 데이터가 생성되면 즉시 보내는 기술이다. 물론 소켓 접속은 항상 오픈된 상태여야 한다.

SSE

SSE[Server-Sent Events](서버 전송 이벤트)는 스트리밍 모델에 기반한, 브라우저가 HTTP로 서버로부터 자동 업데이트를 받을 수 있는 기술이다. W3C는 HTML5 명세의 일부로 SSE 이벤트소스[EventSource] API를 표준으로 제정했다.[1]

SSE에서 우선 클라이언트는 "text/event-stream" MIME 타입으로 서버 요청을 초기화한다. 그리고 일단 서버와 핸드셰이크가 맺어진 이후로 서버는 발생한 이벤트를 바로바로 클라이언트에게 보낸다. 이벤트는 서버에서 클라이언트로 전송되는 평범한 텍스트 메시지로, 이벤트 리스너로 클라이언트가 캐치하여 사용할 데이터가 될 수도 있고, 이벤트 리스너가 수신한 이벤트를 바로 해석하여 적절한 액션을 취할 수도 있다.

SSE 이벤트의 메시지 형식은 규격으로 정해져 있다: 캐릭터 스트림으로 구분된 여러 줄의 단순 텍스트로 구성되며, 메시지 본문 각 줄은 다음과 같이 data:로 시작해서 \n\n으로 끝난다.

```
data: My message \n\n
```

QoS[Quality of Service](서비스 품질)[2] 지시자(예: retry, id)가 포함된 줄은 QoS 속성명/속성값 사이에 콜론(:)을 넣어 구분한다. 소프트웨어 개발에 도움이 되는,

---

1 이 글을 번역하는 현재 IE를 제외한, 크롬, 파이어폭스 6.0+, 오페라 11+, 사파리 5.0+ 브라우저에서 SSE를 지원한다. – 옮긴이

2 통신 서비스에서 사용자가 이용하게 될 서비스의 품질 척도. 측정되는 품질 요소로는 처리 능력, 전송 지연, 정확성 및 신뢰성 등 사용자가 받게 될 서비스의 품질과 성능을 기본으로 하며, 사용자와의 이용 계약에 근거가 되기도 한다. 이 외에도 통신 서비스의 품질에 관한 척도로는 NP(망 성능)와 QoE(체감 품질)가 있다. (출처: 한국정보통신기술협회 IT용어사전) – 옮긴이

SSE 관련 일반 라이브러리를 작성하려면 표준 포맷을 준수해야 한다.

다음 그림은 SSE 작동 원리를 표시한 것이다.

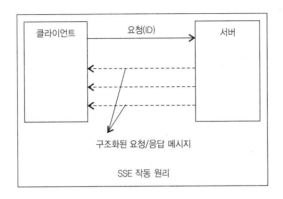

그림에서와 같이 클라이언트는 이벤트소스를 구독한다. 서버는 업데이트가 발생할 때마다 계속 클라이언트로 보낸다.

서버는 여러 줄의 메시지를 하나의 이벤트 ID로 묶어서 전송할 수 있다.

```
id: 12345\n
data: Message1\n
data: Message 2\n\n
```

여러 줄의 메시지에 이벤트 ID를 할당하여 데이터를 보내는데, 마지막 줄은 \n 캐릭터 2개, 즉 \n\n으로 끝나야 한다.

이렇게 ID를 이용하면 서버와의 접속이 끊어져도 클라이언트는 연결 재개 시 Last-Event-ID라는 특별한 HTTP 헤더를 전송하여 가장 최근에 발생한 이벤트를 추적할 수 있다.

SSE에서 이벤트에 ID를 부여하고 명명하는 방법, 그리고 접속 끊김 시 재시도하는 방법을 알아보자.

이벤트 ID 부여

각 SSE 이벤트 메시지에 부여한 식별자는 클라이언트 측에서 자신이 수신한 메시지를 추적하고 체크 포인트를 설정하는 등 여러 가지 방법으로 활용할 수 있다. 그 중 한 가지로, 클라이언트는 가장 마지막으로 수신한 메시지 ID를 일종의 접속 파라미터로 사용하여 서버가 특정 메시지 이후의 처리를 재개하도록 알려줄 수 있다. 물론, 서버 측 코드 역시 클라이언트가 전달한 메시지 ID로 통신을 재개할 수 있도록 적절한 코드가 준비되어 있어야 가능하다.

접속 실패 시 접속 재시도

SSE를 지원하는 파이어폭스, 크롬, 오페라, 사파리 같은 브라우저에서는 서버 접속이 끊어졌을 때, retry 지시자를 이용하여 접속 재시도를 할 수 있다. 이때 서버 측에서도 클라이언트의 재시도를 처리할 수 있게 사전에 세팅되어 있어야 한다. 재시도 간격은 기본 3초인데, 서버는 다음 이벤트 메시지를 전송하여 재시도 간격을 5초로 늘릴 수 있다.

```
retry: 5000\n
data: This is a single line data\n\n
```

이벤트 명명

이벤트를 명명하려면 event name 지시자를 사용한다. 각 이벤트소스는 한 가지 이상의 이벤트 타입을 생성하는데, 클라이언트는 자신이 구독하고자 하는 이벤트 타입별로 사용법을 달리할 수 있다. 다음 예시를 참고하자.

```
event: bookavailable\n
data: {"name" : "Game of Thrones"}\n\n
event: newbookadded\n
data: {"name" :"Storm of Swords"}\n\n
```

SSE와 자바스크립트

EventSource 인터페이스는 클라이언트 측 자바스크립트 개발자에게 가장 핵심적인 SSE API로서, 다양한 함수와 속성들이 내포되어 있는데, 다음 표는 그 중 중요한 것들만 추려본 것이다.

함수명	설명
addEventListener	이벤트 리스너를 추가하여 이벤트 타입별로 처리한다.
removeEventListener	추가된 리스너를 삭제한다.
onmessage	메시지가 도착되면 호출되는 함수다. onmessage 함수를 사용하면 그 밖의 다른 커스텀 이벤트는 처리하지 않는다.
onerror	접속에 문제가 생겼을 때 호출되는 함수다.
onopen	접속이 시작되면 호출되는 함수다.
onclose	접속이 종료되면 호출되는 함수다.

이벤트소스에서 여러 가지 이벤트 유형별로 구독하는 예제 코드를 작성해보 겠다. 모든 메시지는 JSON 포맷이라고 가정한다. 물품 창고에 새 도서가 입고되면 스트리밍 방식으로 유저를 업데이트하는 애플리케이션이 있다고 하자. 'bookavailable' 리스너는 파라미터로 입력된 JSON 데이터를 파싱한다.

이렇게 파싱된 데이터로 GUI를 업데이트하는 동안, 'newbookadded' 리스너는 재생 함수[reviver function3]로 필터링하여 JSON 키-값을 선택적으로 처리한다.

```
var source = new EventSource('books');
source.addEventListener('bookavailable', function(e) {
  var data = JSON.parse(e.data);
  // 데이터를 이용하여 특정 GUI 엘리먼트를 업데이트한다.
```

---

3 JSON.parse()의 두 번째 파라미터에 함수를 지정하여 파싱된 데이터를 리턴하기 이전에 특정 키의 값을 변경하는 등의 가공을 할 수 있다. 따라서 이 함수의 리턴값이 결국 해당 키의 최종적인 값으로 리턴되며, 이 함수에서 undefined를 리턴함으로써 해당 키-값을 제외시킬 수도 있다. - 옮긴이

```
}, false);

source.addEventListener('newbookadded', function(e) {
  var data = JSON.parse(e.data, function (key, value) {
    var type;
    if (value && typeof value === 'string') {
      return "String value is: "+value;
    }
    return value;
```

SSE와 저지

SSE는 표준 JAX-RS 명세에 아직 포함되지 않았다. 그러나 JAX-RS 구현 체인 저지는 SSE를 지원하는데, 자세한 내용은 https://jersey.java.net/documentation/latest/sse.html을 참고하자.

웹훅

웹훅^{WebHooks}은 '사용자 정의 HTTP 콜백'이다. 클라이언트가 이벤트가 게시될 지점에 이벤트 발생기^{event producer}를 배치해놓고, 새로운 이벤트가 게시되면 해당 클라이언트 애플리케이션(구독자)이 수신받아 필요한 처리를 하는 모델이다. GIT post-receive hook을 이용하여 허드슨^{Hudson}으로 빌드 작업을 하는 것이 잘 알려진 사례다.

구독자의 종단점에서는 200 OK HTTP 상태 코드를 리턴해서 웹훅을 정상 수신했음을 알린다. 이벤트 발생기는 구독자가 보낸 요청 본문이나 헤더 따위는 모두 무시하고 오직 상태 코드만 접수한다. 3xx 코드를 포함하여 200대 이상의 응답 코드는 웹훅 수신이 제대로 되지 않았다는 증거이므로 API 측에서 HTTP POST 요청을 보내 재시도할 수 있다.

깃허브가 생성한 웹훅 이벤트는 내부 저장소에서 발생한 액션에 관한 정보를 페이로드로 전달한다. 소스 커밋, 저장소 포크fork, 이슈 생성 등 여러 가지 액션에 대해 클라이언트가 정보를 요청할 수 있다.

다음 그림은 깃허브나 깃랩GitLab에서 사용하는 웹훅의 작동 원리를 표시한 것이다.

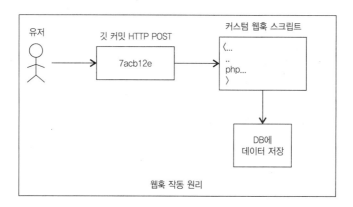

웹훅 작동 원리

단계별로 하나씩 살펴보자.

1. 유저가 **깃**을 push한다.[4]

2. 유저가 깃허브에 등록한 이벤트를 커스텀 웹훅 URL로 게시한다. 커밋 이벤트가 발생했다고 하면 깃허브 서비스는 커밋 관련 정보를 페이로드에 담아 사용자 종단점까지 **POST** 메시지를 전송한다.

3. 컨슈머 애플리케이션은 이 정보를 수신받아 **DB**에 데이터를 생성하든지, 또는 지속적 통합Continuous Integration 빌드를 하든지, 뭔가 필요한 작업을 수행한다.

유명한 웹훅의 이용 사례

트윌리오(Twilio)는 웹훅으로 SMS 메시지를 보낸다. 깃허브는 저장소 변경 공지를 보낼 때(페이로드는 옵션) 웹훅을 사용한다.

페이팔은 즉시 결제 알림(IPN, Instant Payment Notification)이라 하여 페이팔 트랜젝션 관련 이벤트 발생 시 상점 측에 자동으로 메시지로 알려주는 서비스가 있는데, 역시 웹훅 모델 기반 서비스다.

페이스북의 실시간 API도 웹훅을 이용하고 있으며, PubSubHubbub(Push) 기반이다.

앞에서도 언급했듯이, API가 웹훅 형태의 알림 장치를 갖고 있지 않으면 유저 입장에서는 데이터를 계속 폴링할 수밖에 없으므로 대단히 비효율일 뿐만 아니라 실시간적이지도 않다.

웹소켓

웹소켓^{WebSocket}은 단일 TCP 연결 상태에서 전이중$^{full-duplex}$ 양방향 통신 채널을 제공하는, TCP 기반의 독립적인 프로토콜이다.[5]

HTTP 서버에 Upgrade 헤더를[6] 보내 핸드세이크를 맺고 웹소켓으로 전환하는 점이 HTTP와의 유일한 연관 관계다.

웹소켓 프로토콜은 클라이언트(예: 웹 브라우저)와 종단점 간의 연결 상태를 애써 지속하거나 폴링하지 않고도 양방향 실시간 통신을 할 수 있게 해준다. 소셜 피드$^{social\ feeds}$, 멀티 플레이어 게임, 공동 편집$^{collaborative\ editing}$ 등에 광범위하게 사용된다.

---

5 웹소켓 지원 브라우저 목록은 http://caniuse.com/#feat=websockets를 참고하자. – 옮긴이

6 HTTP/1.1 Upgrade는 프로토콜을 바꾸고자 할 때 사용하는 헤더 필드다. 웹소켓 말고도 일반 HTTP 접속을 TLS 보안 프로토콜로 전환하는 경우에도 많이 사용된다. – 옮긴이

Upgrade 헤더를 보냄으로써 시작되는 웹소켓 프로토콜 핸드세이크 과정을 살펴보자.

```
GET /text HTTP/1.1\r\n Upgrade: WebSocket\r\n Connection:
  Upgrade\r\n Host: www.websocket.org\r\n ...\r\n
HTTP/1.1 101 WebSocket Protocol Handshake\r\n
Upgrade: WebSocket\r\n
Connection: Upgrade\r\n
...\r\n
```

다음 그림은 HTTP/1.1 Upgrade 요청과 HTTP/1.1 Switching Protocol 응답으로 핸드세이크를 체결하는 프로세스를 나타낸 것이다.

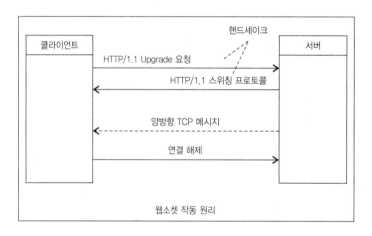

Upgrade 요청과 HTTP/1.1 응답으로 클라이언트-서버가 연결된 이후에는 웹소켓 데이터 프레임은 바이너리/텍스트 상관없이 클라이언트, 서버 양방향 모두 전송 가능하다.

웹소켓 데이터는 최소한 2바이트 간격의 프레임으로 구성되어 있다. 따라서 HTTP 헤더를 전송하는 것과 비교하면 엄청나게 오버헤드를 경감할 수 있다.

다음은 자바스크립트 웹소켓 API를 사용한 간단한 예제 코드다.

```
// 웹소켓 객체를 생성한다.
var websocket = new WebSocket("coffee");

// 메시지 이벤트 함수를 지정한다.
websocket.onmessage = function(evt) {
  onMessageFunc(evt)
};

// 메시지 도착 이벤트가 발생할 때 작동하는 onMessageFunc 함수 정의
function onMessageFunc (evt) {
  // 메시지 내용에 따 특정 GUI를 업데이트한다.
}

// 메시지를 서버로 전송한다.
websocket.send("coffee.selected.id=1020");

// 'open' 이벤트 유형에 대한 이벤트 리스너를 지정한다.
addEventListener('open', function(e){
  onOpenFunc(evt)});

// 접속을 종료한다.
websocket.close();
```

다음 표는 웹소켓에서 사용되는 함수를 기술한 것이다.

함수명	설명
send	서버로 메시지를 보낸다.
onopen	서버가 접속되면 호출되며 타입이 open인 이벤트를 처리한다.
onmessage	새 메시지가 도착할 때 호출되며 message 이벤트를 처리한다.
onclose	접속이 해제되면 호출되며 타입이 close인 이벤트를 처리한다.

(이어짐)

onerror	통신 채널에 오류 발생 시 error 이벤트를 처리하는 함수다.
close	통신 소켓을 닫고 클라이언트-서버 간 연결을 끊는다.

 대표적인 웹소켓 이용 사례

징가 포커(Zynga Poker)은 웹소켓 기술을 대규모 시스템에 시도한 최초의 게임들 중 하나다. 징가 포커 HTML5에서 웹소켓을 사용함으로써 게임 플레이가 한결 부드럽고 빨라졌으며, 모바일 웹에서도 동일한 사용자 경험을 제공한다. 접속 환경에 따라 차이가 있겠지만 거의 실시간으로 게임이 로드되고 리프레시된다.

기타 실시간 지원 API

이외에도 실시간, 또는 실시간에 가까운 통신 프로토콜과 API가 있는데, 보통 브라우저 이외의 프로그램에서 많이 사용된다. 어떤 것들이 있는지 살펴보자.

XMPP

XMPP는 단문 전송, 인터넷 채팅 관련 문제 해결을 위해 고안된 프로토콜이다. 기본 통신 모델은 클라이언트 투 서버client-to-server, 서버 투 서버server-to-server, 서버 투 클라이언트server-to-client고, 직접 XML 메시지를 인코딩하여 TCP상에서 전송하는 방식으로 지원한다.

XMPP는 이미 다양한 언어와 플랫폼에서 여러 가지 형태로 구현된 검증된 프로토콜이다. 단점이라면 롱 폴링과, 아웃바운드 통신을 처리하기 위해 항상 소켓을 오픈해야 한다는 것이다.

BOSH 오버 XMPP

XEP-0124에 정의된, **동기적 HTTP를 통한 양방향 스트림**[BOSH, Bidirectional streams Over Synchronous HTTP]은 XMPP를 HTTP에서 구현한 표준 명세다. 클라이언트 개시[client-initiated] 프로토콜에서는 클라이언트가 HTTP로 XMPP 패킷을 전송하고, 서버 개시[server-initiated] 프로토콜에서는 사전에 정해진 주기마다 한 번씩 접속이 오픈되었는지 롱 폴링[long polling][7]한다.

BOSH를 자바스크립트로 구현해서 웹 브라우저를 XMPP 클라이언트처럼 쓸 수 있다는 사실이 가장 큰 장점이다. BOSH 지원 라이브러리는 Emite, JSJaC, xmpp4js 등이 있다.

웹훅, 웹소켓, SSE 비교

SSE는 HTTP로 전송되는 점에서 웹소켓과는 다르다. SSE는 서버에서 클라이언트 단방향으로 이벤트를 통신하며 웹소켓의 양방향 통신은 지원하지 않는다. SSE는 자동으로 접속 재시도를 할 수 있으며, 메시지에 이벤트 ID를 붙여 QoS 기능을 제공한다. 하지만, 웹소켓은 아직 이런 기능들이 명세에 정의되지 않은 상태다.

반면, 웹소켓은 양방향 통신을 지원하며, 초기 HTTP 핸드셰이크를 시작으로 TCP 상에서 종단점 간에 메시지를 주고받는 구조이므로 응답 지연을 줄이고 처리량을 향상시킬 수 있다.

SSE, 웹소켓에 비해 웹훅은 처음 적용하는 데 별 어려움이 없고, 애플리케이

---

7 무의미한 반복 요청이라는 폴링의 엄청난 단점을 극복하기 위해 착안된 연결 유지 기법이지만 결국 일정 시간 이후에는 다시 연결을 끊고 맺어야 하는 점은 폴링과 그다지 다를 바 없다. Comet이 바로 대표적인 롱 폴링 방식의 기술이다. – 옮긴이

션/서비스를 쉽게 통합할 수 있는 방법을 제공한다. 또 HTTP 요청을 통해 서로 통신하는, 결합도가 낮은 클라우드 서비스들 간에 쉽게 접속을 하고 데이터를 교환할 수 있게 만들 수 있다.

다음 표는 웹훅, 웹소켓, SSE를 몇 가지 항목으로 간략히 비교해본 것이다.

비교 항목	웹훅	웹소켓	SSE
비동기 실시간 통신 지원	예	예	예
콜백 URL 등록	예	아니오	아니오
장시간 접속 유지	아니오	예	예
양방향 지원	아니오	예	아니오
에러 처리	아니오	예	예
지원과 구현의 용이함	예	브라우저와 프록시 서버가 지원해야 함	예
폴링 대비책 필요	아니오	예	아니오

다음 절에서는 이용 가능한 클라우드 애플리케이션을 마이크로 서비스 기반 아키텍처로 옮겨가는 문제를 다뤄본다.

REST와 마이크로 서비스

SOA가 지향하는 바는 모노리틱한 애플리케이션을 여러 개의 소단위 서비스로 나누어 마이크로 서비스 아키텍처를 구현하는 것이다. 마이크로 서비스가 기존 모노리틱 서비스에 비해 나은 점들을 살펴보자.

단순성

복잡하기 짝이 없는 과거의 솔루션을 사용하기보다 이제는 같은 애플리케이션을 만들더라도 가벼운 API 서비스를 이용하는 편이 훨씬 더 탄력적이고 확장이 쉽고 유지 보수가 용이하다는 사실을 이제 개발자들도 인지하기 시작했다. 바로 이것이 마이크로 서비스 기반의 아키텍처 스타일이다. 이와 대비되는 개념이 예전 RPC 방식의 COBRA, RMI, 그리고 SOAP 기반의 무거운 웹 서비스다.

문제들을 분리

모노리틱 애플리케이션에서는 모든 서비스 컴포넌트를 하나의 애플리케이션 아티팩트(WAR, EAR, JAR 등)에 몰아 넣고 싱글 JVM에서 배포한다. 따라서 애플리케이션 서버가 다운되면 모든 서비스가 사용 불능 상태가 될 수밖에 없는 구조다.

그러나 마이크로 서비스 아키텍처에서는 서비스 각각이 모두 독립적인 WAR/EAR 파일이다. 이들 간의 통신은 REST나 JSON, XML로 이루어지고, AMQP/Rabbit MQ 같은 메시징 프로토콜도 동원된다.

확장과 축소

모노리틱 방식으로는 이미 배포된 애플리케이션 파일의 모든 서비스의 규모를 조정해야 할 뿐만 아니라, 배포 레벨별로 정해진 획일적인 확장/축소 규칙을 반드시 따라야 했다.

마이크로 서비스 아키텍처에서는 독립적으로 배포하고 확장/축소할 수 있는, 소단위 서비스별 애플리케이션을 개발할 수 있다. 따라서 탄력적이고 확장이

쉬운 아키텍처에서 기능 정의 단계에서 제작 단계에 이르기까지 신속한 개발
및 즉각적인 서비스 배포가 가능하다.

능력을 명확하게 분리

마이크로 서비스 아키텍처에서는 각 서비스를 비즈니스 여건에 맞게 조직화
할 수 있다. 예를 들어 재고 서비스, 빌링 서비스, 배송 서비스는 따로 따로 분
리하여 어느 한쪽 서비스가 잘못 되더라도 나머지는 '문제들을 분리'에서 언
급했던 것처럼 서비스를 계속 수행할 수 있다.

프로그래밍 언어 독립

마이크로 서비스 아키텍처의 또 다른 장점이라면 단순 명쾌하고 사용하기 쉬
운 REST/JSON 기반의 API로 작성하기 때문에 다른 프로그래밍 언어나 프
레임워크, 즉 PHP, 루비 온 레일즈[Ruby-On-Rails], 파이선[Python], 노드JS에서도 문제
없이 잘 작동한다는 것이다.

아마존과 넷플릭스[Netflix]는 마이크로 서비스 아키텍처의 선구자다. 이베이는
튜메릭[Turmeric]이라는 오픈 소스 기반의 포괄적이고 정책 주도[policy-driven]적인
SOA 플랫폼을 구축하여 SOA 서비스를 개발, 배포, 실행하고 사용자들을 모
니터링하고 있다.

참고 자료

- https://stripe.com/docs/webhooks: 웹훅
- https://github.com/sockjs: 깃허브 SockJs
- https://developer.github.com/webhooks/testing/: 깃허브 웹훅
- http://www.twilio.com/platform/webhooks: 트윌리오 웹훅
- http://xmpp4js.sourceforge.net/: XMPP4JS BOSH 라이브러리
- https://code.google.com/p/emite/: Emite BOSH 라이브러리

정리

6장에서는 웹훅, SSE, 웹소켓 등을 살펴보고 사용처 및 사용 방법을 알아보았다. 단순 반복적인 폴링의 비효율을 어떻게 실시간 API로 극복하는지, 그리고 그것이 중요한 이유를 여러분이 꼭 이해했으면 한다. 웹훅과 웹소켓을 자사의 솔루션으로 사용하는 회사의 사례들도 살펴보았다. 지금까지 나는 이 책을 통틀어 베스트 프랙티스와 설계 원칙들을 논했는데, 이 장은 REST와 비동기 통신의 미래상을 소개하면서 대단원의 막을 내렸다. 앞으로 소셜 데이터가 급증함에 따라 시맨틱 웹 개발의 촉매제가 될 것이고, 지금까지 살펴본 여러 가지 패턴으로 중요한 액션과 실시간 업데이트 수신 등의 기능을 대행해주는 애플리케이션이 탄생될 것이다.

또 사용성이 우수한 클라우드 애플리케이션이, 마이크로 서비스로 세분화되는 네트워크 컴포넌트 모델로 옮겨가고 있음을 알게 되었다. 이러한 마이크로 서비스는 아키텍처 내에서 독립적으로 배포, 확장할 수 있다. RESTful 서비스 제작에 대해 좀 더 자세한 정보가 필요한 독자는 나의 다른 저서, 『JAX-RS

2.0, 웹소켓, JSON을 이용한 RESTful 서비스 개발^{Developing RESTful Services with JAX-}

RS2.0, WebSockets, and JSON 』(2013년, 팩트 출판사)를 일독하기 바란다.

부록

소셜 네트워크, 클라우드 컴퓨팅, 모바일 앱이 일반화된 세상에서 사람들은 네트워크에서 자신의 의견을 이야기하고, 애플리케이션을 협업 제작하고, 입력을 공유하고, 의문나는 것을 물어보고 싶어한다. http://www.statisticbrain.com/twitter-statistics/의 통계치에 따르면 650만 트위터 사용자가 매일 쏟아내는 트윗 개수만 해도 무려 5,800만 개에 이른다. 페이스북은 놀랍게도 13억 명에 달하는 유저들이 소셜 웹 플랫폼의 심장부를 형성하고 있다. 시간이 지나면서 깃허브 또한, 소셜 코딩 플랫폼의 핵심으로 진화하고 있다. 이렇게 트위터, 페이스북, 깃허브는 애플리케이션 제작, 데이터 마이닝, 분석 데이터 작성 용도로 사랑받는 플랫폼이 되었다.

앞의 여섯 개 장에 걸쳐 RESTful 서비스 제작을 중심으로 성능, 캐싱, 보안, 확장 등의 주제를 살펴보았다면, 부록에서는 몇몇 인기 있는 REST 플랫폼에 초점을 두고 지금까지 살펴본 다양한 패턴들이 실제 API 인프라에는 어떻게 녹아 있는지 알아볼 것이다.

부록에서 다룰 내용은 다음과 같다.

- 깃허브 REST API 개요

- 페이스북 그래프^{Graph} API 개요

- 트위터 REST API 개요

깃허브 REST API 개요

깃허브^{GitHub}는 아주 유명한 소셜 협업 코딩 플랫폼으로서, 유저가 작성한 코드를 깃허브 저장소에 커밋할 수 있다. 개인 프로젝트부터 대기업 소프트웨어 개발 프로세스의 일부분에 이르기까지 많은 개발자들이 코드를 작성, 빌드, 배포하는데 애용하고 있다. 깃허브 API에 관한 상세한 내용은 https://developer.github.com/v3/를 참고하자.

앞장의 패턴들이 깃허브에는 어떻게 적용되어 있는지 살펴보자.

깃허브에서 상세 정보 얻기

먼저, 비인증 cURL 커맨드로 특정 유저 및 저장소 등에 대한 상세 내용을 조회해보자.

다음은 javaee-samples라는 유저의 상세 정보를 조회하는 커맨드다.

```
curl https://api.github.com/users/javaee-samples
{
  "login": "javaee-samples",
  "id": 6052086,
  "avatar_url": "https://avatars.githubusercontent.com/u/6052086?",
```

"gravatar_id": null,

"url": "https://api.github.com/users/javaee-samples",

"html_url": "https://github.com/javaee-samples",

"followers_url": "https://api.github.com/users/javaee-samples/
  followers",

"following_url": "https://api.github.com/users/javaee-samples/
  following{/other_user}",

"gists_url": "https://api.github.com/users/javaee-samples/gists{/
  gist_id}",

"starred_url": "https://api.github.com/users/javaee-samples/
  starred{/owner}{/repo}",

"subscriptions_url": "https://api.github.com/users/javaee-samples/
  subscriptions",

"organizations_url": "https://api.github.com/users/javaee-samples/
  orgs",

"repos_url": "https://api.github.com/users/javaee-samples/repos",

"events_url": "https://api.github.com/users/javaee-samples/events{/
  privacy}",

"received_events_url": "https://api.github.com/users/
  javaee-samples/received_events",

"type": "Organization",

"site_admin": false,

"name": "JavaEE Samples",

"company": null,

"blog": "https://arungupta.ci.cloudbees.com/",

"location": null,

"email": null,

"hireable": false,

"bio": null,

"public_repos": 11,

"public_gists": 0,

```
"followers": 0,
"following": 0,
"created_at": "2013-11-27T17:17:00Z",
"updated_at": "2014-07-03T16:17:51Z"
```

 응답에 포함된 여러 개의 URL은 팔로워나 커밋 등 필요한 정보를 조회하는 데 사용된다.
이런 식으로 URL을 표시한 것은 이 책의 앞부분에서 살펴보았던 HATEOAS에서 links,
href, rel로 링크를 제공했던 것과는 차이가 있다. 이처럼 부가적인 설명 없이도 연결된
서비스 정보를 제공하는 방법은 플랫폼별로 상이할 수 있다.

특정 유저의 저장소를 페이지네이션하여 보고 싶다면 다음과 같이 질의한다.

```
curl https://api.github.com/users/javaee-samples/repos?page=1&per_
page=10
```

......

깃허브 API는 OAuth2 방식으로 인증한다. 따라서 깃허브 API를 사용하고 싶
다면 먼저 애플리케이션을 등록하고 클라이언트 ID와 시크릿을 새로 발급받
아야 한다.

자세한 내용은 https://developer.github.com/v3/oauth/를 참고하자.

메소드와 리소스 액션

다음 표는 깃허브 API에서 리소스를 대상으로 사용 가능한 메소드를 정리한
것이다.

메소드	설명
HEAD	HTTP 헤더 정보를 얻는다.
GET	리소스를 조회한다(예: 유저 상세 정보).
POST	리소스를 생성한다(예: pull request의 병합).
PATCH	리소스를 부분 업데이트한다.
PUT	리소스를 교체한다(예: 유저 업데이트).
DELETE	리소스를 삭제한다(예: 특정 유저를 협업 대상에서 제외시킴).

버저닝

깃허브 API의 현재 버전은 v3다. 기본 API 버전은 나중에 또 바뀔 수 있다. 클라이언트 측에서 특정 버전을 써야 한다면 다음과 같이 `Accept` 헤더에 버전을 지정하면 된다.

```
Accept: application/vnd.github.v3+json
```

에러 처리

'2장, 리소스 설계'에서 이미 설명했던 것처럼 클라이언트 측 에러는 400번대 코드로 표시하는데, 깃허브도 비슷하다. 이를테면 클라이언트가 잘못된 JSON 문자열을 서버로 보내면 `400 Bad Request`를, 요청 본문에 누락된 항목이 있을 때는 `422 Unprocessable Entity`를 응답한다.

사용량 제한

깃허브 API도 사용량 제한 정책을 적용하므로 일부 나쁜 의도를 가진 유저가 무작위로 요청을 날려도 서버가 다운될 일은 없다. **기본 인증**^{basic authentication} 및 OAuth 인증을 통한 요청은 시간당 5,000개, 비인증 요청은 시간당 60개까지 허용된다. 깃허브 서버는 X-RateLimit-Limit, X-RateLimit-Remaining, X-RateLimit-Reset 3개 헤더로 사용량 현황을 알려준다.

페이스북 그래픽 API 개요

페이스북 데이터는 페이스북 그래프 API로 조회할 수 있다. 데이터 질의, 업데이트 및 사진 게시, 앨범 조회/생성, 특정 노드의 like 개수 조회, 댓글 조회 등 수많은 작업을, 일반적인 HTTP REST API를 통해 할 수 있는 것이다. 자, 페이스북 그래프 API에 접속하기 위해 해야 할 일을 알아보자.

 웹에서 페이스북은 OAuth 2.0을 변형한 형태의 프로토콜을 인증/인가 프로세스에 사용한다. iOS와 안드로이드에는 자사에서 개발한 페이스북 앱이 사용된다.

먼저 페이스북 API를 이용하려는 클라이언트는 OAuth 2.0용 액세스 토큰을 손에 넣어야 한다. App ID, 시크릿 키를 생성하는 방법과, 액세스 토큰을 발급받아 페이스북 데이터를 조회하는 쿼리는 어떻게 실행하는지 단계별로 살펴보자.

1. 브라우저로 developers.facebook.com/apps에 접속한다. 애플리케이션을 새로 만들면 다음 그림과 같이 App ID와 시크릿을 발급받게 된다.

2. App ID와 시크릿 키만 있으면 액세스 토큰을 발급받을 수 있고 페이스북
데이터를 가져올 수 있다.

 페이스북에서는 /me라는 독특한 종단점이 있는데, 액세스 토큰의 주인에 해당하는 유
저를 가리킨다. 따라서 여러분 본인의 사진을 가져오고 싶다면 간단히 다음과 같이 요
청한다.

GET /graph.facebook.com/me/photos

3. 새로운 글을 작성하는 API 요청은 다음과 같다.

```
POST /graph.facebook.com/me/feed?message="foo"&access_token="..."
```

4. 그래프 탐색기를 이용하여 여러분의 ID, 이름, 사진을 조회하려면 다음처
럼 요청한다.

```
https://developers.facebook.com/tools/explorer?method=GET&path=me%
3Ffields=id,name
```

5. 다음 그림은 그래프 API 탐색기(Explorer)로 dalailama(달라이라마) 노드를
질의한 것이다. ID를 클릭하면 자세한 노드 상세 정보를 볼 수 있다.

이런 식으로 그래프 API 탐색기로 페이스북 소셜 그래프의 노드에 대해 원하는 질의를 수행할 수 있다. ID나 이름 등의 항목을 GET, POST, DELETE 메소드를 사용하여 질의할 수 있다.

메소드와 리소스 액션

다음 표는 페이스북 그래프 API에서 자주 사용되는 메소드를 정리한 것이다.

메소드	설명
GET	피드, 앨범, 게시물 등의 리소스를 조회한다.
POST	피드, 앨범, 게시물 등의 리소스를 생성한다.
PUT	리소스를 교체한다.
DELETE	리소스를 삭제한다.

 페이스북 그래프 API는 리소스 업데이트 시 PUT이 아닌, POST 메소드를 사용한다는 점을 기억해두자.

버저닝

그래프 API의 최신 버전은 2014년 8월 7일에 릴리즈된 2.1이다. 클라이언트 측에서 원하는 버전을 지정할 수 있는데, 지정하지 않으면 최신 버전이 기본 사용된다. 각 버전은 최소한 2년 동안 사용이 보장되며, 그 이후에는 과거 버전의 API 호출 시 최신 버전 API로 자동 리다이렉트된다.

에러 처리

API 요청 실패 시 다음과 같은 응답이 리턴될 것이다.

```
{
  "error": {
    "message": "Message describing the error",
    "type": "OAuthException",
    "code": 190 ,
   "error_subcode": 460
  }
}
```

error 하위의 code와 error_subcode의 값을 보고 오류가 무엇인지, 어떻게 해결하면 좋을지 파악할 수 있다. 여기서 code 190은 OAuthException에 해당하고, error_subcode 460은 패스워드가 변경되어 더 이상 access_token이 유효하지 않음을 의미한다.

사용량 제한

페이스북 그래프 API는 사용하는 엔티티가 유저인지, 애플리케이션인지, 또는 광고인지에 따라 사용량 제한 정책을 차등 적용한다. 요청이 한도를 초과하면 해당 유저는 30분 간격으로 이용이 차단된다. 더 자세한 내용은 https://developers.facebook.com/docs/reference/ads-api/api-rate-limiting/을 참고하자.

트위터 API 개요

REST API와 스트리밍^{Streaming} API로 구성된 트위터 API는 개발자들이 타임라인^{timeline}, 상태 정보^{status}, 유저 정보 등의 데이터를 접근할 수 있는 통로 역할을 한다.

트위터는 3각^{3-legged} OAuth 방식을 사용한다.

 트위터 API에서 꼭 기억해야 할 OAuth 관련 내용

클라이언트 애플리케이션에 로그인 ID와 패스워드를 보관할 필요가 없고, 유저를 대표하는 액세스 토큰을 매 요청 때마다 크리덴셜 대신 동봉한다.

요청 URL, POST 변수, 쿼리 파라미터는 언제나 처리가 완료될 때까지 변하지 않는다.

유저는 서비스 대행을 해줄 애플리케이션을 직접 선택할 수 있고, 원하면 언제라도 인증을 삭제할 수 있다.

각 요청마다 고유한 식별자(oauth_nonce)를 두고 동일한 요청을 여러 번 반복하지 못하게 하여 스누핑(snooping)을 미연에 방지한다.

초기 설정 과정이 개발자들에게 적잖이 복잡하고 어렵게 느껴질지도 모르겠다. https://blog.twitter.com/2011/improved-oauth-10a-experience 에 가보면 OAuth 툴로 애플리케이션 생성, 키 생성, 요청 생성을 하는 방법이 소개되어 있으니 참고하자.

트위터에서 OAuth 툴로 요청을 생성하는 코드를 보자. 다음은 twitterapi 핸들^{handle}의 상태 정보를 가져오는 쿼리다.

 트위터 API에서 비인증 요청은 지원되지 않으며, 사용량 제한 정책 또한 엄격한 편이다.

```
curl --get 'https://api.twitter.com/1.1/statuses/user_timeline.
json' --data 'screen_name=twitterapi' --header 'Authorization: OAuth
oauth_consumer_key="w2444553d23cWKnuxrlvnsjWWQ", oauth_
nonce="dhg2222324
b268a887cdd900009ge4a7346", oauth_signature="Dqwe2jru1NWgdFIKm9cOvQhg
hmdP
4c%3D", oauth_signature_method="HMAC-SHA1", oauth_
timestamp="1404519549",
oauth_token="456356j901-A880LMupyw4iCnVAm24t33HmnuGOCuNzABhg5QJ3SN
8Y",
oauth_version="1.0"'-verbose.
```

응답은 다음과 같다.

```
GET /1.1/statuses/user_timeline.json?screen_name=twitterapi HTTP/1.1
Host: api.twitter.com
Accept: */*
HTTP/1.1 200 OK
...
"url":"http:\/\/t.co\/78pYTvWfJd","entities":{"url":{"urls":[{"url
":"http:\/\/t.co\/78pYTvWfJd","expanded_url":"http:\/\/dev.twitter.
com","display_url":"dev.twitter.com","indices":[0,22]}]}},"descriptio
n":{"urls":[]}},"protected":false,"followers_count":2224114,"friends_
count":48,"listed_count":12772,"created_at":"Wed May 23 06:01:13 +0000
2007","favourites_count":26,"utc_offset":-25200,"time_zone":"Pacific
Time
```

```
(US & Canada)","geo_enabled":true,"verified":true,"statuses_count":351
1,"lang":"en","contributors_enabled":false,"is_translator":false,"is_
translation_enabled":false,"profile_background_
color":"C0DEED","profile_
background_image_url":"http:\/\/pbs.twimg.com\/profile_background_
images\/656927849\/miyt9dpjz77sc0w3d4vj....
```

메소드와 리소스 액션

다음 표는 트위터 REST API에서 자주 사용하는 메소드를 정리한 것이다.

메소드	설명
GET	유저, 팔로워, 즐겨찾기, 구독자 등 리소스를 조회한다.
POST	유저, 팔로워, 즐겨찾기, 구독자 등 리소스를 생성한다.
update를 붙인 POST	리소스를 교체한다(예: 친구 관계를 업데이트하는 URL는 friendships/update이다).
destroy를 붙인 POST	리소스를 삭제한다(예: 다이렉트 메시지 삭제, 팔로윙 해제 등. direct_messages/destroy).

버저닝

트위터 API의 최신 버전은 1.1이다. JSON 포맷만 지원되며, XML, RSS, Atom 등은 사용할 수 없다. 1.1 버전부터 모든 클라이언트는 반드시 OAuth 인증을 받아야 한다. 1.0 버전 API는 더 이상 권장되지 않으며, 트위터는 신버전으로 전환할 때까지 최대 6개월의 시간을 준다.

에러 처리

트위터 API는 표준 HTTP 에러 코드를 리턴한다. 요청 성공은 `200 OK`, 리턴할 데이터가 없을 때는 `304 Not Modified`, 미인증 상태이거나 크리덴셜이 누락/불일치할 경우 `401 Not Authorized`, 유저 포럼에 공유할 만한 알 수 없는 오류 발생 시 `500 Internal Server Error`, ... 이런 식이다. 상세 에러 메시지에 기계어적인^{machine-readable} 에러 코드도 함께 보내준다. 이를테면 에러 코드 32는 서버가 유저를 인증할 수 없다는 뜻이다. 더 자세한 내용은 https://dev.twitter.com/docs/error-codes-responses를 참고하자.

참고 자료

- 페이스북 툴: https://developers.facebook.com/tools/

- Twurl(OAuth 기능이 탑재된 트위터 cURL 툴): https://github.com/twitter/twurl

- 깃허브 API 문서: https://developer.github.com/v3/

- 트위터 API 문서: https://dev.twitter.com/docs/api/1.1

- 스트라이프 API 문서: https://stripe.com/docs/api

정리

부록에서는 요즘 대세인 깃허브, 페이스북, 트위터 플랫폼에서 운용 중인 API를 소개하고, 여러 가지 REST 패턴을 처리하기 위해 어떤 기술들이 적용되었는지 그 실사례를 알아보았다. REST API에서 추출한 데이터를 갖고 뭘 할지는 유저마다 천차만별이겠지만, 모든 프레임워크를 통틀어 한 가지 공통점이 있다면 바로 REST와 JSON의 사용이 아닐까 싶다. 부록에서 살펴본 세 플랫폼의 REST API는 주로 웹과 모바일 클라이언트에서 사용된다. 버저닝, 메소드, 에러 처리, OAuth 2.0 기반의 요청 인증/인가 등 우리가 살펴본 이론들을 실제로 이들이 어떻게 구현했는지 알아보았다.

이제 이 책을 마무리할 차례다. REST의 기본과 RESTful 서비스 제작에 관한 내용을 가지고 독자 여러분과의 여행을 시작하였다. 이후로 나는 확장성과 성능을 염두에 둔 REST 서비스를 만드는 데 필요한 갖가지 토픽과 팁, 그리고 베스트 프랙티스를 제시하였다. 여러 가지 유용한 라이브러리와 툴로 REST 서비스 테스팅과 문서화 작업을 하는 방법, 실시간 API 관련 신생 기술들에 대해서도 공부했다. 웹소켓, 웹훅, REST의 미래에 대해서도 고찰했다.

숨가쁜 여정이었지만 여러분이 이 책을 읽고 REST API를 더 잘 이해하고 학습하여, 앞으로 현장에서 설계 및 개발 업무 수행 시 인정받는 리더가 되시기를 진심으로 바란다.

한국어판 특별 부록

넷빈즈 설치와 사용법

기고자: 이일웅

이 책의 저자는 앞부분에 예제 코드 번들을 실행하기 위해 아파치 메이븐과 글래스피시 서버 프로그램이 필요하다고 언급했을 뿐, 구체적으로 어떻게 실습을 해야 할지 충분한 설명은 하지 않았다. 아마도 RESTful 서비스에 관한 일반적인 주제들에 초점을 두어 기술하다보니 개발 IDE나 서버의 실습 방법은 상대적으로 소홀하게 취급된 면이 없지 않나 싶다.

이에 역자는 대부분의 독자 여러분들이 사용하고 있을 윈도우 환경의 PC에 넷빈즈Netbeans를 설치하여 간단히 예제 코드를 테스트할 수 있는 방법을 간략히 부록으로 추가한다. 필요한 프로그램을 하나하나 내려받아 설치하고 무수한 시행착오를 거치면서 손에 익히는 것이 정석이고, 또 유능한 개발자일수록 도구에 의존하지 않고 가장 원시적인 형태의 환경에서 실습을 하겠지만, 메이븐과 글래스피시의 사용법에 관한 설명만으로도 책 두 권 정도의 분량은 될 것이므로, 익숙하지 않은 독자를 위해 학습용 테스트로 직합한 넷빈즈 8.0.1을 사용하여 실습하는 방법을 소개하고자 한다. 좀 더 열의가 있는 독자들께서는 메이븐 사용법을 따로 공부하여 저자가 작성한 설정 파일(pom.xml)을 조금씩 바꿔서 빌드도 해보고, 글래스피시보다는 국내에서 많이 사용하는

JBoss나 톰캣^{Tomcat} 서버에 맞게 배포하는 연습을 해두면 실력이 일취월장할 것이다.

넷빈즈 설치

먼저 Java SDK 1.7을 설치하자. 이미 설치된 환경이라면 건너뛰어도 좋다.

http://www.oracle.com/technetwork/java/javase/downloads/jdk7-downloads-1880260.html

넷빈즈 설치는 매우 간단하다. https://netbeans.org/downloads/에서 넷빈즈 8.0.1 자바 EE 배포판을 내려받고 기본 옵션으로 설치를 진행하면 된다.

서버 기동

설치가 끝나면 바탕화면에 생성된 넷빈즈 아이콘을 클릭한다. 처음 환영 페이지를 닫으면 다음 그림의 빈 화면이 보일 것이다.

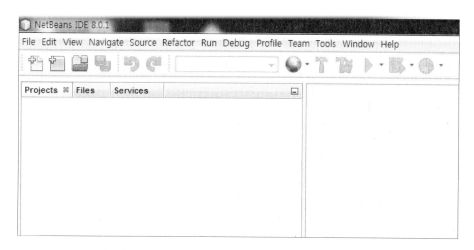

넷빈즈 8.0.1에는 아파치 메이븐 3.0.5과 글래스피시 4.1 프로그램이 내장되어 있으므로 따로 설치할 필요가 없다. Tools > Options에서 Java를 클릭한 후, 하단의 Maven 탭을 클릭하면 다음 그림과 같이 Maven 설정을 변경할 수 있다. 기본적으로 내장된 3.0.5 버전을 사용하도록 설정되어 있지만, Maven Home 폴더를 재지정하면 PC에 설치된 다른 버전의 메이븐 프로그램을 사용할 수 있다.

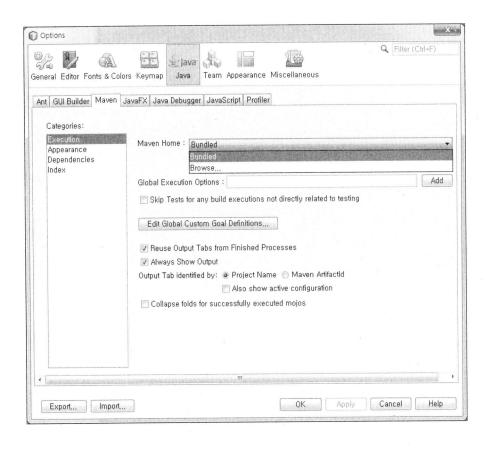

좌측 상단 윈도우에서 Services 탭을 클릭하면 다음 그림과 같이 글래스피시 서버 4.1이 이미 설치되어 있음을 알 수 있다. 우측 마우스 버튼을 클릭하여 컨텍스트 메뉴의 Start를 선택해서 서버를 기동해보자.

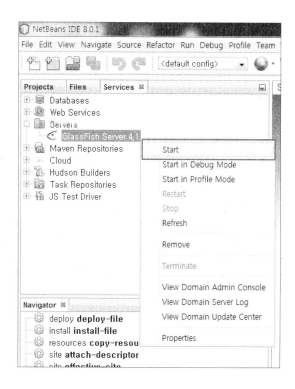

배포한 서비스가 아무것도 없으므로 수 초 내에 서버 부팅이 끝나고 우측 하단 Output 윈도우에 다음 그림과 같은 서버 로그를 확인할 수 있다.

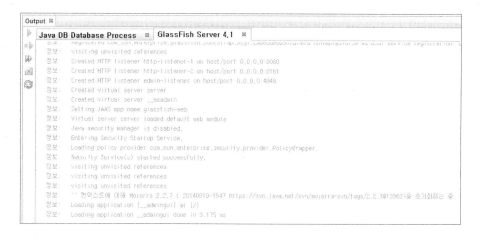

빌드와 배포

이제 예제 코드를 넷빈즈로 옮겨놓고 빌드해보자. 이 책의 예제 코드는 모두 메이븐 프로젝트로 작성되어 있고(즉, 프로젝트 루트 폴더에 pom.xml 파일이 위치함), 앞서 이야기한 것처럼 넷빈즈에는 이미 메이븐이 내장되어 있으므로 프로젝트 루트 경로만 지정하면 넷빈즈는 메이븐 프로젝트로 자동 인식한다.

1장의 helloworld 프로젝트를 가져오자. 2장~5장의 나머지 프로젝트들도 방법은 동일하다.

좌측 상단 윈도우의 **Project** 탭에서 우측 마우스 버튼 클릭 후, 여러분의 PC에 내려받은 예제 코드 중 1장 helloworld 폴더를 지정하자.

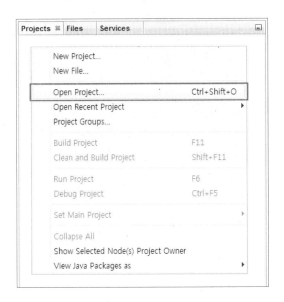

처음에는 다음 그림처럼 컴파일 에러 표시(빨간 느낌표)가 가득할 것이다. 아직 컴파일 시 필요한 라이브러리가 설치되어 있지 않았기 때문이다.

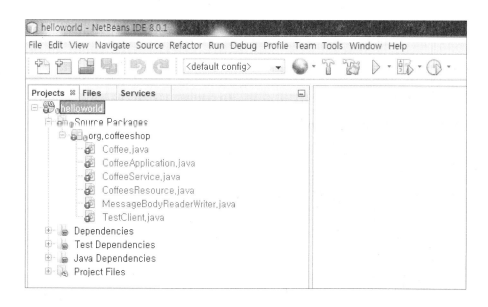

그러나 메이븐이 라이브러리를 의존 관계에 맞게 알아서 내려받아 줄테니 걱
정하지 마시길! 프로젝트 루트(helloworld)를 선택한 상태에서 마우스 우측
버튼 클릭 후 다음 그림처럼 Clean and Build를 하자.

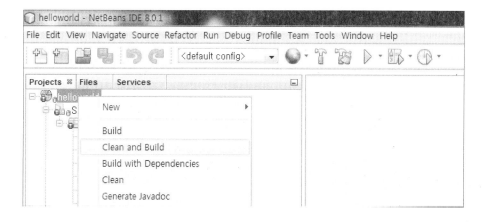

PC 환경에 따라 다르겠지만 수 분에 걸쳐 인터넷을 통해 라이브러리를 내려
받은 뒤 Output 윈도우에 다음 그림처럼 BUILD SUCCESS 표시가 보이면

메이븐 빌드가 완료된 것이다. 참고로, 이 과정에서 메이븐이 내려받은 라이브러리 파일들은 `C:\Users\사용자명\.m2\repository`에서 확인할 수 있다.

위 그림에서 최종적인 빌드 결과물 helloworld.war 파일이 helloworld 프로젝트 루트 밑의 target 폴더에 생성되었음을 알 수 있다. 이 파일의 전체 경로를 메모장에 복사해두고 글래스피시 어드민 콘솔을 띄워 배포해보자.

글래스피시 어드민 콘솔은 브라우저 주소창에 http://localhost:4848을 입력하여 접속한다. 설치 후 설정을 임의로 바꾸지 않았다면 기본 접속 ID는 admin이고 패스워드는 없다.

좌측 Applications 메뉴를 클릭하면 현재 배포된 모듈이 없으므로 그림과 같이 표시될 것이다.

앞의 그림에서 Deploy 버튼을 클릭하여 좀 전에 메모장에 복사해둔 helloworld.war 파일의 경로를 입력하여 배포한다. 다음 그림을 참고하기 바라며, 하단의 각종 설정은 기본 상태로 놔두어도 상관없다.

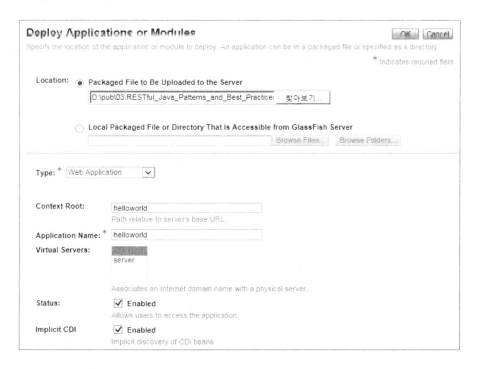

배포가 성공적으로 완료되었다면 다음 두 그림과 같이 각각 어드민 콘솔과 서버 로그에서 반영된 모습을 확인할 수 있다.

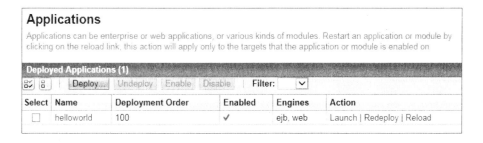

이제 helloworld 프로젝트의 테스트 URL, http://localhost:8080/helloworld/
TestClient를 브라우저 주소창에 입력하여 v1/coffee 리소스를 테스트해보자.
다음 그림과 같은 화면이 브라우저에 표시되면 제대로 실행된 것이다.

테스트 URL을 /TestClient이 아닌 /, 즉 컨텍스트 루트로 변경하고 다시
Clean and Build한 뒤 배포하면 넷빈즈에서 다음 그림처럼 간단히 Run을 하여
동일한 테스트를 할 수도 있다. 브라우저에 일일이 테스트 URL을 입력하지
않아도 곧바로 넷빈즈에서 브라우저를 띄워 결과를 확인할 수 있으므로 조금
더 편한 방법이니 참고하기 바란다.

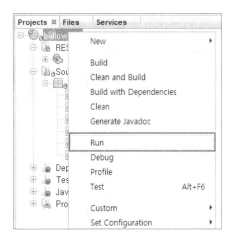

찾아보기

에이콘출판의 기틀을 마련하신 故 정완재 선생님 (1935-2004)

acorn+PACKT Technical Book 시리즈

RESTful 자바 패턴과 실전 응용
고성능 RESTful 서비스 제작을 위한 베스트 프랙티스

인 쇄 | 2014년 12월 12일
발 행 | 2014년 12월 19일

지은이 | 바크티 메타
옮긴이 | 이 일 웅

펴낸이 | 권 성 준
엮은이 | 김 희 정
　　　　안 윤 경
　　　　오 원 영
표지 디자인 | 한국어판_선우숙영
본문 디자인 | 선우숙영

인 쇄 | 한일미디어
용 지 | 신승지류유통(주)

에이콘출판주식회사
경기도 의왕시 계원대학로 38 (내손동 757-3) (437-836)
전화 02-2653-7600, 팩스 02-2653-0433
www.acornpub.co.kr / editor@acornpub.co.kr

이 도서의 국립중앙도서관 출판시도서목록(CIP)은 서지정보유통지원시스템 홈페이지(http://seoji.nl.go.kr)와
국가자료공동목록시스템(http://www.nl.go.kr/kolisnet)에서 이용하실 수 있습니다.(CIP제어번호: CIP2014036240)

책값은 뒤표지에 있습니다.